朝日新書
Asahi Shinsho 855

全米トップ校が教える自己肯定感の育て方

星　友啓

JN042850

朝日新聞出版

はじめに

自己肯定感の「モヤモヤ」

なんとなくわかる気がするけど、一体なんのことなのか。
そして、重要な気もする。
とはいえ、どうすればいいのか。
そんなモヤモヤした感じ。この世知辛い世の中で、珍しくはないかもしれません。
本書のテーマ「自己肯定感」はそんな「モヤモヤ」を生み出す言葉の代表格です。

例えば、自己肯定感について巷でよく見かけるような考え方をいくつか並べてみましょう。

- ネガティブな気持ちは積極的に忘れて、ポジティブになれるようにすべき。
- 気持ちのヘコむ問題が起きたら、それを解決しないと自己肯定につながらない。
- ネガティブな性格は生まれつきだからどうにもならない。
- 食生活を変えると自己肯定感はサポートできる。
- 自己肯定は自分のこと。周りに気遣う前に、自分のことから考えるのが必要。
- 自分に辛くあたらずに、自分に優しくしてあげる気持ちが大切。

どれも、もっともらしいようで、突っ込みどころもあり、「モヤモヤ」感いっぱいのリストです。実際、これらのうちなんと半分以上が間違った考え方なのです。

私たちは、このように日常ででくわす誤った考え方に従って、モヤモヤと自己肯定感を求めてしまわないように十分に注意しなければいけません。

そこで**この本では、最新の心理学と脳科学を駆使して、自己肯定感を科学的に徹底解剖していきます。**

右の「モヤモヤ」自己肯定感リストのどれが正しいのか、誤っているのか。その他すぐに日常で実践できる自己肯定感の育て方を紐解いていきます。

スタンフォードと世界の教育のフロンティア

私はスタンフォード大学でオンラインの中高一貫校の校長を務めています。創立16年。世界のオンライン教育をリードしてきましたが、近年、オンラインと対面の垣根を超えて、トップ校の一つとして認知されるようになりました。

急速に進化する世界の教育と取っ組み合ってきたわけですが、常々感じてきたのは、それぞれの教育メソッドがいくら進化しても、教育自体の中心的な課題は変わらないこと。

中でも、生徒の心のサポートは、豊かな教育、学習環境をつくるために欠かすことができません。いじめや自殺、精神疾患から日常の心のケア、心のサポートの重要性は、増し続ける一方です。

しかし、その重要性にふさわしい対応がとられてきたかといえば、決してそうではありません。

だから、**世界屈指の大学であるスタンフォードの「地の利」を生かして、先端サイエンスを取り込みながら、生徒やその周りの大人たちの心のニーズをサポートしたい。**

そんな思いを自分の活動の主軸において、関連する研究とその実践にいそしみながら新しい学校をつくり上げてきました。

本書では、**これまで私がそうした取り組みの中で蓄積した科学的知見に加えて、**実際に自分の学校や講演などで、実践・紹介してきたエクササイズやプログラムを、ギュッとコンパクトに凝縮して大公開していきます。

気になる悩みに役立つ自己肯定感の科学

次のような気持ちに少しでも、なったことがある方は、この本をぜひ読み進めてください。

- 自分の自己肯定感は高いの？　低いの？　どっちかはっきりしたい。
- ヘマしてヘコんでいる。どうしたら気分が晴れるのか？
- マイナスに考えがちな自分をどうにかしたい。いい方法はあるのか？
- 心も体もだるい気がする。生活から心を変えることができるのか？
- 周りの目が気になる。気にせずありのままの自分を見つめたい。
- 自分のことが許せない。ありのままの自分を好きになりたい。

この本では、これらの悩みを一つひとつ取り上げながら、最新の心理学や脳科学が明かした自己肯定感を育てる方法を解説していきます。

自己肯定感とは何のことか知りたい方や、自分の自己肯定感を向上させたい方。
子どもの自己肯定感をサポートしたい教師の皆さんに親御さん。
自分の自己肯定感が高くても、自己肯定感が低い人のことを理解したい人。
悩みはないけど、自己肯定感に関する豆知識や心理学や脳科学を学びたい人。

この本を様々な方々に楽しんでいただき、役立てていただければ幸いです！

全米トップ校が教える　自己肯定感の育て方

目次

第2章 『ヘマしてヘコんでいる。』
〜スタンフォード発 前向きな自分でいる方法

第1章

『私の自己肯定感は高いの？　低いの？』

～自己肯定感のサイエンス

質問 「自己肯定感を高く！」なんて言われても、そもそも自分の自己肯定感が高いのか低いのかわかりません。

自己肯定感がすでに高いのにさらに高めるようなことをしてしまったら、自信過剰のナルシストになってしまいそうだし、自己肯定感が低いなら何かしないといけないような。

というか、ぶっちゃけ自己肯定感ってなんなんでしょうか？　そして、絶対に高くなくてはいけないものなのでしょうか？

なんだか余計モヤモヤしてきました。ご回答よろしくお願いします。

自己肯定感を測ってみよう

こんな質問はごもっとも。「自己肯定感」はモヤモヤしたコンセプトの代表格です。

そこでまずは、科学的な視点を通して、自己肯定感の理解を深めていきましょう。

さっそくですが、読者の皆さんに、**自分の自己肯定感を測定していただきます。**

次の1－10の文章のそれぞれに「強くそう思う」「そう思う」「そう思わない」「強くそう思わない」の4つの選択肢の中から自分の答えを一つずつ選んでメモしていってください。

1　私は、自分自身にだいたい満足している。

2　時々、自分はまったくダメだと思うことがある。

3　私にはけっこう長所があると感じている。
4　私は、他の大半の人と同じくらいに物事がこなせる。
5　私には誇れるものがたいしてないと感じている。
6　時々、自分は役に立たないと強く感じることがある。
7　自分は少なくとも他の人と同じくらい価値のある人間だと感じている。
8　自分のことをもう少し尊敬できたらいいと思う。
9　よく、私は落ちこぼれだと思ってしまう。
10　私は、自分のことを前向きに考えている。

次に、以下のやり方で1から10の答えを採点をしてみてください。

・1、3、4、7、10は、「強くそう思う」が4点、「そう思う」が3点、「そう思わない」が2点、「強くそう思わない。」が1点。

・2、5、6、8、9は、「強くそう思う」が1点、「そう思う」が2点、「そう思わない」が3点、「強くそう思わない。」が4点。

採点が終わったら、すべての得点を足し合わせてください。

何点になったでしょうか？　10－40の数値が得られるはずです。

日本人の平均が25程度。21－29であれば、自己肯定感の中間ゾーン、20以下は低めゾーン、30以上は高いゾーンになります。[1]

「自己肯定感」のいろいろなかたち

さあここで、自分の点を日本人の平均と比べてみて、どう感じたでしょうか。

なんとなくの自分の実感に合っていると感じる場合もあれば、そうでない場合もあるでしょう。

このテストを私はこれまで授業や講演会で何度もやってきましたが、得られた点数が自分の実感と合っていない場合の反応には、主に2つパターンがあります。

一つ目のパターンは、テストの信頼性を疑うこと。

確かに、自己肯定感に関する情報が様々に飛び交う今日この頃、この手の心理指標には、まず批判的に臨むのが科学的にも日常的にも賢明だといえるでしょう。

しかし、この指標にそうした心配は当たりません。長きにわたり世界中で検証が行われてきました。

それだけに、自分がこの指標によりゲットした数字が何らかの現実を指し示しているかもしれず、それから何かを学べるのではないかという建設的な姿勢も大切です。

もう一つの反応のパターンは以下のようにまとめることができます。

自分は自己肯定感が高いと思っていたが、低いゾーンに入った。ということは、今まで自分が思っていたのとは違う意味での「自己肯定感」があるのではないか。この指標はそれを測っているに違いない。

次のような反応も同じパターンのものだといえます。

この前他のやり方で測ってみたが、自分の自己肯定感は低いと出た。でも、この指標だと、自己肯定感が高いゾーンに入っている。指標によってちがうな。自分を肯定する感覚にも、いろいろ種類や定義があるのだろうから、それも当たり前か。

つまり、前述の自己肯定感テストをやることによって、「自己肯定感」とひと口に言っても様々な考え方がありうると実感するにいたるのです。

そして、そうした感じ方は核心をついています。

実際に、**自己肯定感の定義には様々なものがあり、いくつかの異なる要素から成り立つものであると考えられています。**

例えば、ここで試していただいた指数は、「Rosenberg Self-Esteem Scale」[2]といって、「ローゼンバーグ」（Rosenberg）という社会心理学者が考案したもので「Self-Esteem」、いわば「自尊心」を測る指標です。

様々な言語に翻訳され、信頼性が確立されており、やっていただいたのは「RSES-J」と言われる日本語バージョンです。[3]

そして、「自尊心」というコンセプト自体、「自分に価値を感じる気持ち」と「自分の能力への満足感」などの異なる「自己肯定感」の要素に分けられるのです。[4]

絶対に注意すべき悲惨な肯定感の結末

つまり、自己肯定感の定義にはいろいろあるので、「どれが正しい定義なのか？」「どの本を見ても微妙に違う」と、モヤモヤするのはごく自然なのです。

しかし、モヤモヤしたままではいたくありませんね。

ならば、どうすれば良いのか？

ここで大事なのが、**数ある自己肯定感の定義の中から、追い求めるべき自己肯定感はどれなのかを見定めようとする視点です。**

例えば、自分がどんなときに肯定的に感じるかを想像してみてください。

もちろん、人それぞれ違った答えになるはずです。シンプルに正直に考えてみましょう。

十人十色の自己肯定感が高い場面の中でも、ことさら多くの人たちが想像するのが、成績や報酬などに基づくものです。

テストでいい点を取った。売り上げ目標を達成した。給料が上がった。上司や家族、周りに褒めてもらった。他の人との比較で、自分の方が高い評価を受けている。

そうした場面でみられるような業績や成績、他人との比較や好評価、お金やステータスなどは、「外発的な報酬」と呼ばれます。

自分が勉強や仕事をすること自体で得られる「内発的な」満足感とは対照的に、自分がやった勉強や仕事の結果についてくる「おまけ」の報酬です。

そして、外発的な報酬を得ることで、ポジティブな気分になり、自分を肯定する気持ちが高まるのはごく当たり前。

特に、結果に追われながら忙しい毎日を過ごす私たちにとっては、外発的報酬にさらされながら、気分が上下するのは避けがたい現実でさえあります。

しかし、だからこそ、要注意！

外発的な報酬に基づく自己肯定感は短期的には強いものの、長期的に依存していると、心にも体にも、悪影響を及ぼします。

例えば、お金による経済的な動機付けが強い人は、長期的には総合的な自己肯定感が低くなりがちで、うつや不安を抱えやすい。[5]
ステータスや見た目の良さなどを求める場合も同様で、精神面以外にも頭痛や肩こりなどの身体的健康にも影響が出たり、友人、恋愛、家族など、人間関係にも問題が出てくることが報告されています。[6]
ことに高校生[7]や大学生[8]では、外発的報酬を求め続けることで、タバコや酒、ドラッグなどに依存してしまうリスクが高まるのでさらに注意が必要です。
お金やステータスを求めすぎると、あまり心にいい影響がなさそうだと、常識的にもイメージできるかもしれませんが、そうしたイメージは実際に心理学や医学の科学的な視点からも確認されているというわけです。

だから、外発的な報酬で気分が良くなり、自己肯定感が一時的に上がったとしても、決してそれでよしとしてはいけないのです。

自己肯定感が低いとき、外発的な報酬ばかりにたよった解決方法を求めてしまうと、長期的には逆効果になってしまう。

つまり、求めるべき自己肯定感は外発的な報酬からは育たないのです。

嫌なことは忘れようとすると早死にする!?

外発的な報酬に加えて、求めるべき自己肯定感を追いかけるとき、やってはいけないことがもう一つあります。

それは、ネガティブな気持ちを無理やり抑え込んだり、無理に忘れようとすること。

忘れたいような嫌なことが起きたときに、忘れようと試みるものの、どうしても気になってしまう。

それどころか、その気持ちを抑え込もうとすればするほど、ネガティブな気持ちが強くなる。

誰しもそんな経験があるものです。

さらに、ネガティブな気持ちを無理やり忘れようとすると、心だけでなく体にも様々な悪影響が出てきてしまいます。[9]

例えば、ハーバード大学などの研究で、自分の気持ちを抑え込みがちな人は疾患による死亡リスクが30%高まってしまい、癌になる確率も70%上がるなんていう驚きの報告もされているくらいです。[10]

だから、**私たちは、自分のネガティブな気持ちを無理やり忘れようとしたり、抑え込もうとするのではなくて、うまい付き合い方を見つけないといけません。**

そもそも、私たちの心にあるネガティブを取り除いてしまおうとする発想が非現実的なのです。

というのも、次に解説していくように、ネガティブに感じたり、考えるのは人間にとって必要な能力だとさえ言えるからです。

ネガティブ思考の進化論

肝心な問題を間違えて、模擬試験で落第点。**ガッカリ。**同じ間違いを繰り返さないように気をつけて、本番のテストでは**大成功。**

いい人そうなので、本当は信じたいのだけれど、**疑ってかかる**。悪い予感は的中、ブラックセールスに**ひっかからないで済んだ**。

こうしたありがちなシナリオにもあるように、私たちはネガティブな感情や思考のおかげで、失敗を繰り返さなくて済んだり、より正しい決断ができたりするわけです。

だからこそ、ネガティブな心の働きは、人間の進化の歴史の中で、私たちの脳の仕組みとして継承されてきたのです。

私たち人間の祖先が大自然の中で、天敵に囲まれて暮らしているとき、同じ過ちを繰り返しては命の危険に直結してしまったことでしょう。

そこで、似たような状況に出くわしたとき、より注意深くなれるように、以前の失敗に対してネガティブな気持ちを持つ能力が進化してきたと考えられます。

つまり、ネガティブな心の働きは、人間の祖先が厳しい進化を生き抜く上で、私たち一人ひとりのＤＮＡに刻まれてきた、大切な能力の一つなのです。

実際、近年の心理学や脳科学の研究で、ネガティブな事柄に対する脳の反応の方が、ポジティブな事柄への反応よりも、断然強いことが明らかにされてきました。[11]

例えば、とっても幸せなディナーのひと時も、最後の不快な店員のひとことだけで、台無しなんてことも。

どんなに幸せなディナーの時間が長かったとしても、最後の店員の一瞬の態度ですべてが打ち消されてしまうのです。

そのように、ポジティブより、ネガティブな事柄に強い気持ちを感じてしまうのは、私たちの脳のもつ基本的なメカニズムによるものです。

これを「ネガティビティー・バイアス」(negativity bias) と呼びます。

だからこそ自己肯定感を持続するのが難しい。私たちの心にはネガティブに反応できる能力が備わっている。しかも、それがポジティブな心の機能よりも強く働いてしまう。

そして、前述のように、その機能を無理に抑え込もうとしてしまうと、心に負担がかかり、体にだって悪影響が出かねない。

それは、ネガティブに考えるのが脳の自然な機能だからです。

ネガティブな気持ちを無理に押し込めようとするのはご法度です。

求めるべき自己肯定感を育てるのに必要なのは、ネガティブな気持ちを認めた上で、それとうまいこと付き合っていこうとする心構えなのです。

自己受容はポジティブのスイッチ

でも、こうなってくると、ダメダメの連続のように思えてしまいます。

まず、たくさんある自己肯定感の定義の中でどれが正しいのかを追い求めていけない。

それから、仕事や勉強の業績やお金、他人との比較やステータスなど、外発的な報酬に依存した自己肯定はダメ。

さらに、ネガティブな気持ちから逃げようとしたり、無理に忘れようとしたり抑え込んだりするのもダメ。

一体全体、求めるべき自己肯定感とはどんなものなのか？

気が滅入ってしまいそうになります。


でも心配ありません。

求めるべき自己肯定感は至ってシンプル。それは、**現実の自分をありがたく思う気持ち**です。


この求めるべき自己肯定感の定義には2つの重要な心理学のコンセプトが組み合わされています。

それは「自己受容」（self-acceptance）と「自己価値」（self-worth）です。

どちらもこれまでの心理学研究で幸せや健康と深い関わりがあるとされ、最近では脳科学的な基礎づけも進められています。

少し説明していきましょう。

まずは、「自己受容」から。こちらはポジティブな自分も、ネガティブな自分も、ありのままの自分を受け入れることで[12]、なりたい自分や理想の自分ではなく、「現実の自分」をそのままに受け入れる力のことです。

これまでの研究で「自己受容」ができる人は、精神的に安定していて、幸福感が高く、逆にそうでないと、ストレスが高く、うつ病のリスクも高まることがわかっています。[13]

自分のネガティブな気持ちを無理やり忘れようとしたり、抑え込んで、自己肯定感を得ようとするのはダメだと前述しましたが、まさに、自分のネガティブな部分も現実として受け止める力が必要だということです。

この本質を、臨床心理学の歴史でフロイトと並ぶほどの偉業を讃えられたカール・ロジャースの言葉が、鮮やかに捉えています。

興味深いパラドックスがある。それは、自分の現在のありのままを受け入れるとき、自分が変わるということだ。[14]

ネガティブな気持ちだけ持ち続けてはいけないから、なんとかして自己肯定感を得たいと思う。

そのためにはその**ネガティブな気持ちから逃げるのではなくて、まずはそう思っている自分を見つめ直して受け入れたときに、自分を変える準備が整う**のです。

こうした自己受容と自分の変化のサプライズ関係は、最近の研究でも示されています。

例えば、自己受容感の高い人の方が、ストレスマネジメントのトレーニングで、メンタル強化の効果が格段に高い[15]とか、病気や怪我の治療の効き目や体の回復のスピードが速い[16]などの報告があります。

つまり、自己受容感が高いと自分の心も体もいい方向に変えていく力を持つことができるのです。

自己価値で強いメンタルをつくる

求めるべき自己肯定感の2つ目。

その要素は、ポジティブもネガティブも自己受容した上で、その自分に価値、つまり、「自己価値」を見つけることです。

いわば、現実の自分を「ありがたく」思う気持ちのこと。

例えば、以下の2つの例は自己価値の「あるあるネタ」の代表格です。

また、仕事でトチってしまった。気分はヘコんだけど、明日からも頑張ろう。ヘコんでもすぐに立ち直れる強い自分のメンタルは**ありがたい**。

まだまだ、必要なスキルも身についていない、成績も悪い。でも、将来の目標にもくもくと取り組む自分が**誇らしい**。


ちなみに、この「自己価値」に似ているコンセプトの一つに「自尊心」(self-esteem)があります。

これも広い意味で自分が自分であることに価値を見つけることなので、心理学のコンテキスト(文脈)では、「自己価値」と「自尊心」が区別なく使われることもあります。

この章の冒頭で測っていただいた「自己肯定感」も「自尊心」を測るテストだったのものそのためです。


そして、これまでの心理学の研究によって、自己価値を感じられないと、うつ病や不安症になってしまうリスクが上がってしまい、[17] また逆に、自己価値を感じている人たちは、幸福感が高く、ストレスにも耐えられる、メンタルの強い心の持ち主であることがわかっています。[18]

さらに、自己価値を感じていると、勉強の成績や仕事の業績も上がるという報告まであります。[19]

さあ、少し専門的な部分を掘り下げてきましたので、重要ポイントをまとめておきましょう。

＊求めるべき自己肯定感は、「現実の自分をありがたく思う気持ち」。
＊「自己受容」と「自己価値」がベースの要素。
＊「自己受容」と「自己価値」も心と体にいいことずくめ。

これらの点をふまえて、本書の第2章からは、「自己受容」と「自己価値」を身につける効果的な方法を最近の研究結果をふんだんに取り込んで、たっぷりとご紹介していきます。

ナルシストにならないで自己肯定する方法

その前に、私が自己肯定感の話をするときに、しばしば出くわす疑問にふれておきましょう。


うーん、でもなんだかな。

「自分をありがたく思う」とか、「自分の価値を見つける」とか。

なんかちょっと…。そう、ナルシストっぽいなんてことはないか。

いや、そもそも自己肯定とかって、自分にうっとりしちゃうことで、ナルシシズムにつながるんじゃないか?

直感的にも、ごく自然なものですが、実際に、心理学の研究の中でもナルシシズムと高い自尊心が強く紐づけられていたことがあります。

「自分のことを尊いと思う」「自分に価値がある」そんな気持ちが強くなると、ナルシストになりがちである。そんなふうに考えられたのです。


しかし最近では、**ナルシストと自尊心の高い人はちがう**とする見方が主流になってきました。[20]

ナルシストは、自分が他人より特別で優れているものであると感じ、それに応じた承認や尊敬を周りから得ようとします。

一方、自尊心の高い人は、自分が自分であること自体に価値を認めて充足しており、他人との比較や優越感から承認欲求を必ずしも求めていません。

ここが自尊心とナルシシズムの決定的な違いです。

実際に、最近の心理学の研究でも、ナルシシズムと高い自尊心の相関は弱く[21]、ナルシストは、他人より優越していると感じていても、自分に満足していないことがしばしばあるなどの報告があります。

そしてもちろん、ナルシストか、自尊心が高い人かで、人間関係や心の健康に大きな差が出てきます。

ナルシストは人を見下したり、横柄な態度をとったりするので、人間関係がうまくいきにくい。そうなると人からの承認を得づらくなり、結果として、精神的にも不安定になってしまいかねません。

その一方、自尊心の高い人は、おしなべて、幸福感が高く、心も体も健康であることは、前述した通りです。

こうしたナルシシズムと自尊心の違いは、ここまでみてきた求めてはいけない自己肯定感と求めるべき自己肯定感との違いを再喚起してくれます。

特に、**他人との比較からの優越感や、周りからのポジティブな承認に頼りきった自己肯定は、**前述のように、外発的な報酬に基づくので、長期的にはお勧めできないだけでなく、**ナルシシズムになってしまう恐れもあるので、厳重な注意が必要です。**

自己肯定感と遺伝のホントのところ

この章の締めくくりにもう一つよくある疑問をご紹介しておきましょう。

求めるべきは「現実の自分をありがたく思う」ことだっていうのはわかった。そして、そう思える人はいいだろう。

でも、ポジティブか、ネガティブか、性格なんていうものは、生まれつきのもの。自分は、ネガティブな性格の持ち主だから、今さら遺伝による運命は変えることができないんじゃないか。

これは、誰もが持ちうる自然な疑問だと思います。

その一方で、これまでの研究で明らかになってきたのは、**自尊心や自己価値など、自分をポジティブに肯定する性格は、遺伝と環境が半々**ということです。[22]

つまり、これまでネガティブな性格だったとしても、求めるべき自己肯定にたどり着くチャンスが十分にあるのです。

それではそうするにはどうしたら良いのか。

さっそく次の章から、最新科学の自己肯定メソッドを見ていくことにしましょう。

第2章

『ヘマしてヘコんでいる。』

～スタンフォード発　前向きな自分でいる方法

質問　普段はそんなにネガティブ思考というわけではないのですが、時々仕事とか人間関係でヘコんでしまうことがあります。

そうなって、いったんネガティブになってしまうと、そこからなかなか抜け出せなかったりします。

いろいろ他のことで気晴らしをしようともするのですが、元々のヘコみの原因から単に逃げているだけで、問題の解決にならないような気がします。

自分の気持ちがヘコんでしまったときに、どうやったらポジティブな気持ちを取り戻せるでしょうか？

また、そもそも気持ちがヘコみにくい強いメンタルを作るには、どういうことに心がけたら良いでしょうか？

ヘコみの外側で自己肯定する

いいこともあれば、悪いこともある。

人生は喜怒哀楽であるのなら、気持ちが「ヘコんでしまう」出来事が起こるのも、生きていることのあかし。

また、大きな問題が起きて悩み込むほどではなくても、仕事で少しうまくいかなかったり、友人とちょっと気まずい状態になったりなど、現実が自分の思いにそぐわなかったり、他人と意見にへだたりを感じたりすることはごくごく日常茶飯事。

そうした日常のあり方を理解したうえで、どのようにすれば、求めるべき自己肯定感にたどり着くことができるのか?

ヘコまされるような出来事に囲まれる毎日の中で、いかに前向きな自分を持ち続けていくことができるのか?

こうした疑問に一つの答えを出してくれるのが、その名も「自己肯定理論」(self-affirmation theory) です。[23]

私の在籍するスタンフォード大学でも屈指の業績を誇る社会心理学者、クロード・スティール教授が提唱してから、分厚い研究が積み重ねられてきました。[24]

中心となる考えは、**ヘコみの外で自己肯定**すること。

これがどういう意味なのか。また、その意味するところを実践するには、どうしたら良いのか。

この章では、自己肯定理論と、それに基づいた自己肯定感の育て方を徹底解説していきます。

ディフェンス型の心の適応力にご用心

まずは、これまでの心理学で解き明かされてきた人間心理の基本的なメカニズムをいくつか見ていきましょう。

一つ目は、人間の「心の適応力」です。

私たちの日々の生活は、多かれ少なかれ、大なり小なり、自分をヘコましてしまうような出来事であふれかえっています。

勉強や仕事で思うような成果が出ない。自分の目標に邪魔が入る。病気になる。自分の考えを覆すようなニュースを目にする。反対意見に出くわす。学校や仕事場で怒られる。友人や恋愛関係が思うようにいかない。家族関係がこじれる。

そうした自分の心に対する「脅威」に、なんとかうまく「適応」していくことで私たちは自分自身の心を保っているのです。

私たちの心の適応には代表的な二つのパターンがあります。

一つは、心への脅威をそのまま受け入れ自分の態度や行動を改めるやり方。

例えば、健康診断の結果が思いのほか悪かったとき、自分の生活習慣を改善する。

これは、「予測より悪い健康診断」という心の脅威をそのままに受け入れて、自分の生活態度や行動の方を変える適応の仕方です。


もう一つは、自分の姿勢や行動は変えずに、脅威に対する自分の心もちを変えるやり方。脅威をうまく解釈することで、迫りくる脅威から、自分の心を「ディフェンス」するやり方です。

例えば、受験や就職の面接で自分の満足する結果が得られなかったとき、今後の面接態度や面接への準備の仕方を変えるのではなく、「面接官との相性が悪かった」とか、「面接官の評価が誤っている」などと言い訳をする。

このやり方は自分の態度や行動を変えるのではなくて、自分の解釈を「わい曲」することで心に対する脅威を取り除いたり、和らげようとするものです。

このように、**現実をひん曲げてでも、ディフェンスしようとする心の傾きは極めて強く、これまでも心理学でさかんに研究されてきました。**


「言い訳」とか「わい曲」などときこえが悪いようですが、こうした「ディフェンス型の心の適応力」は、自分の心を守るのに欠かせない能力でもあります。

目の前の不都合に対して、いつもいつも自分の態度や行動を改めるのは難しい。それだけに、ときおり自分の心持ちを変えることで、迫り来る「脅威」に適応することも必要なのです。

実際に、「ディフェンス型心の適応力」があるおかげで、心や体の健康が保たれるということが、これまでの研究でも明らかになっています。[25]

一方で、いつもいつも現実から視線をそらしていては、新しい学びに到ることができないのも事実です。

現実を受け入れて、これまでの自分の態度や行動をアップグレードしたり、新しいスキルや知識を身につけたりすることは私たちの人生で欠かせない成長のプロセスです。

また、「ディフェンス型の心の適応」ばかりで現実を受け入れないでいれば、周りの環境や周りの人たちと折り合いが取れなくなってしまい、人間関係に悪影響を及ぼしてしまいます。[26]

そして、なにより、求めるべき自己肯定感は、「現実の自分をありがたく思う」こと。現実を受け入れられない状態では、到底たどり着くことはできません。

つまり、「ディフェンス型の心の適応」は人間の防衛本能の一部でありながら、そればかりに頼っていてはいけないのです。

それでは、どうしたら良いのか。それが自己肯定理論が提示するもう一つの心の適応力なのです。

親であり、ビジネスパーソンであり、ちょっとひょうきんな私

もう一つの心の適応力を理解するのに重要なのが、私たち一人ひとりが、複数のいろんな「顔」を持っているということです。

例えば、私は、2児の親であり、日本人であり、アメリカ永住者であり、学校の経営者であり、そして、ちょっとひょうきんな中年男性で、近所の仲間とマラソンクラブに所属しています。

職業などの社会的役割や、人間関係の中での役割。人種や文化的バックグラウンド。持っている目標や世界観や価値観。

ひとりの人間でありながら、いろんな「顔」を持っており、私が意識している自分自身は、様々な分野の「顔」からなる複合体だと捉えることができます。[27]

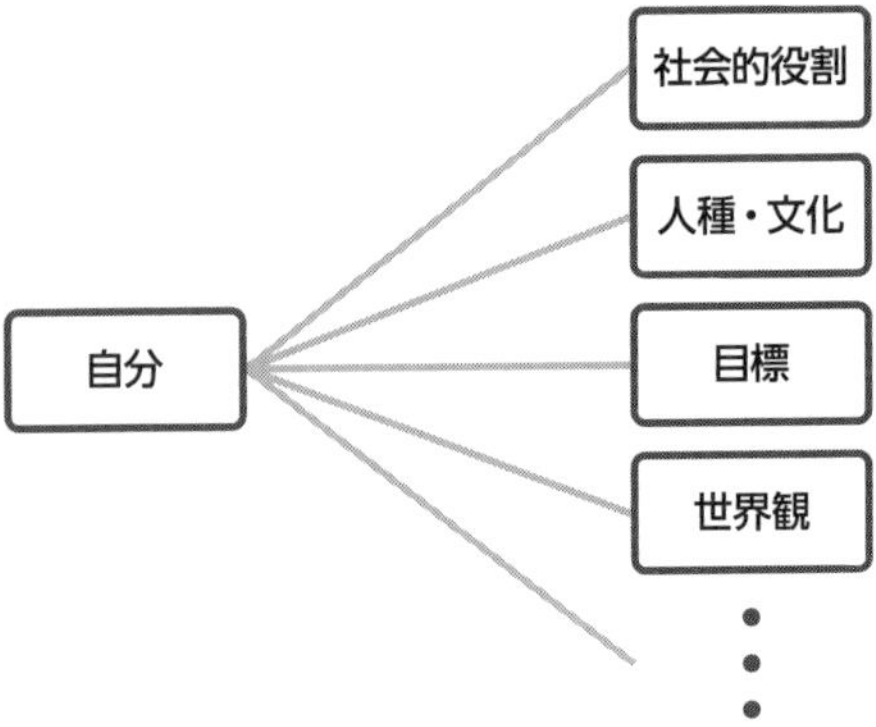

そして、**自分をヘコませるような出来事が起きたとき、それは、自分の持つ「顔」のどれか特定のものに脅威を与えています。**

「お父さん嫌い」と息子たちに言われたならば、それは家族の中での父親としての「顔」に対する脅威でしょう。一方で、学校にクレームをつけられてストレスになっているならば、それは、学校経営者としての「顔」に対するものかもしれません。

自己肯定の力はフレキシブル

以上で、自己肯定理論を理解するための心理学入門は完了です。

自分の心への脅威、ディフェンス型の適応、そして、多面的な心の「顔」。
これらを使って、自己肯定理論の本質「ヘコみの外で自己肯定する」を、言い換えると以下のようになります。

心への脅威は、多面的な自分の一つの「顔」に対するもので、ディフェンス型の心の適応を避けるには、他の「顔」で自己肯定するといい。

例えば、仕事でヘコむ問題が起きたとしましょう。そんなとき、家に帰って、いつもと変わらない子どもたちと触れ合う中で、また明日頑張ろうという気持ちが起きる。自己肯定理論によれば、ここで「ディフェンス型の心の適応」をせず、「頑張ろう」と思えたのは、自分の仕事の「顔」が脅威に晒されても、親としての別の「顔」で自己肯定ができたからということになります。

こうした自己肯定のメカニズムは、スタンフォードのスティール教授が自己肯定理論を提唱してから、続々と研究が積み重ねられ、いくつもの新事実が明らかにされてきました。

中でも、自分の生活習慣と健康リスクは注目を集めた研究テーマの一つです。

自分の生活習慣に健康リスクがあると示されても、すぐに行動に移して習慣を変えられる人たちは一握り。自分だけは大丈夫だとか、その情報が当てにならないとか、しばらくの間は大丈夫だとか。

いろんな「言い訳」で、自分の生活習慣を変えなくてもいいように納得しようとディフェンス型の心の適応が働いてしまいます。[28]

そういった心のわい曲を抑えるのにもヘコみの外の自己肯定が効果を発揮します。

例えば、自分の長所や信じている価値について自分の考えを改めて書き留めてみたり、本書の第1章で解説したローゼンバーグ自尊心指標などで自分の価値観を確認するエクササイズをすると、ポジティブに健康リスクを受け入れる確率が2倍になり[29]、さらに、より長い間その健康リスクに注意して行動するようになります[30]。

つまり、健康リスクというヘコみの外で、いつもの自分を確認するエクササイズをすることで、健康リスクのヘコみ自体とポジティブに向き合うことができるのです。

そしてそのおかげで、本当に健康リスクを避けることができるのです。

この他にも、人間関係でのいざこざがあっても、ポジティブな気持ちを保つことができたり[31]、仕事や勉強の失敗からもクヨクヨせずに立ち直りやすいなど[32]、ヘコみの外での自己肯定の効果が無数に確認されています。

私たちは、ヘコみの外での自己肯定をすることで、ネガティブな自分と心の脅威に対して、ポジティブに向き合う力を取り戻すことができるのです。

ガチンコ対決は逆効果　急がば回れの自己肯定

さて、この章の冒頭の質問に少し戻ってみましょう。
ヘマをしてヘコんでしまったときに、

いろいろ他のことで気晴らしをしようともするのですが、元々のヘコみの原因から単に逃げているだけで、問題の解決にならないような気がします。

とありました。

この視点をより掘り下げてみると以下のようになります。

今現在ヘコんでしまっている問題の他の部分でポジティブになっても、ヘコみの原因となった問題は解決しない。

だから、ヘコみの外で自己肯定して一時的に気分が良くなったとしても、またネガティブになってしまうのではないだろうか。

今現在脅威に晒されている自分の心の「顔」自体を肯定できるようにしたい。仕事でヘコんでいるのなら、仕事で自己肯定をするのが必要だ。

これは、自己肯定理論を理解するのにまさに最重要、厳重注意のポイントです。

なぜならば、これまでの自己肯定理論の研究の中で、**脅威に晒されている自分の「顔」を直接自己肯定するのは逆効果**だと明らかにされてきたからです[33]。

例えば、仕事でヘコんだときに、仕事に関係することで自己肯定をしようとすると、余計ネガティブになってしまったり、ディフェンス型の心の適応が働いてしまい、かえって目の前の問題をそのまま受け入れることが難しくなってしまいます。

つまり、同じ自己肯定でも、その時々で、肯定するべき「顔」を慎重に選ぶ必要があります。

自己肯定ならなんでもいいというわけではなく、脅威に晒された「顔」以外、いわば、ヘコみの外での自己肯定ができなければいけません。

これが自己肯定理論を実践するための最重要メッセージです。


そして、**ヘコんだ「顔」とは違う「顔」で自己肯定をすることは、決して問題から逃げるということにはなりません。**

むしろ、問題から目を背けようとするディフェンス型の適応を抑えて、現実を受け入れる心の準備を整えてくれるのです。

前述からの例のように、仕事でヘコんで、家に帰り、いつものままの家族と過ごしたとき、明日また頑張ろうと思える。

そうした場合、自己肯定理論によれば、自分の仕事の役割とは別の家族の中での役割で自己肯定ができたと解釈できます。

そして、もちろん、明日仕事に行っても、もともとの仕事で起きた問題自体は未解決のまま残っているわけですが、家族による自己肯定で自分自身の心の安定を維持することができたので、元々の問題に向き合うための心の準備ができているのです。

いわば、**自分の心が傷ついたとき、その傷に直接薬を塗ろうとしても激痛のため難しいのでまずは、その他の部分をケアすることで、心全体として傷を癒す準備を整えることができる**のです。

オープンでプレッシャーにも強いメンタル

そして、ヘコみの外での自己肯定は、実際にヘコんだときの対処の方法を与えてくれるだけではなくて、将来に起こるかもしれない心をヘコます状況に備えて、強いメンタルをつくるのにも役立ちます。

まず、**ヘコみの外の自己肯定で違う価値観や違う意見に、よりオープンな気持ちを保**

つことができます。

自分と違う意見は心への脅威となりかねません。特に自分がとことん信じ込んでいることを否定するような考えはなおさらです。

そのため、異なる意見に出くわしたときに、ディフェンス型の心の働きが強くなり、否定的になってしまったり、真剣に取り合わない態度になってしまったりするのは、私たちの自然な心の傾きです。[34]

ヘコみの外での自己肯定ができると、そうした私たちの心の働きを和らげることができ、違った意見や新しい情報に、よりオープンでいられるようになるのです。

例えば、仕事や勉強で充実した1日を過ごしたときに、友人と意見が異なってもいつもより寛容でいられた。

そんな感覚は友人関係の外での自己肯定がすでにされているからこそ起こるヘコみの外の自己肯定によるものと考えられます。

さらに、**ヘコみの外の自己肯定で、緊張やプレッシャーも軽減できる**ことがわかっています。

緊張したり、プレッシャーを感じたりするのは、自分の心がなんらかの脅威に晒されたということの現れです。それゆえ、前もってその脅威に晒された心の「顔」以外の分野で自己肯定できていれば、緊張やプレッシャーを和らげることができるのです。

例えば、こんな研究があります。

被験者は敵対的な聴衆の前でプレゼンをしなくてはいけません。敵対的な聴衆に対してのプレゼンなので、否が応でもプレッシャーがかかります。

そこで前述のローゼンバーグの自尊心指標などで、自分の大切な価値観を確認するエクササイズをしてからプレゼンに臨むと、ストレスを感じたときに分泌されるコルチゾールの値が、自己確認エクササイズをしない場合に比べて低く抑えられたのです。[35]

つまり、ヘコみの外での自己肯定が人前でのスピーチなどのプレッシャーのかかる状況にも役立つのです。

さらに、ヘコみの外での自己肯定のパワーは、そうした一時的な効果だけにとどまりません。

例えば、日記をつける習慣などを通して、定期的に自分の価値観を確認、肯定すると、日々の生活の中での継続的なストレスにも立ち向かうメンタルができることもわかっています。[36]

日常的に自己確認や、自己肯定をすることで、心への脅威に立ち向かう心の準備を常に整えておくことができ、違う意見にもオープンでプレッシャーやストレスにも強いメンタルがつくれるのです。

ポジティブになりたい自分を忘れるためのコツ

さて、うまくヘコみの外での自己肯定を実践するにあたって、絶対に注意しておかなくてはいけないことがあります。

それは、なんと、**ヘコみの外での自己肯定をしようとして、むりやり自己肯定や自己確認のエクササイズをすると、自己肯定の効果が下がってしまう**ということです。[37]

しかし、これはちょっと、絶望的にも思えます。

ヘコんだときに自己肯定したい。もしくは、将来ヘコみに耐えられる強いメンタルをつくりたい。そう思って、例えば、仕事のヘコみを解消するために自分の価値観を確認するエクササイズをしてみる。

そうした意識的な自己肯定だとヘコみの外での自己肯定の効力が発揮されにくくなるということを意味するからです。

いわば、効果的なやり方があるというので、やってみようとするのだけれど、実際にやってみても、その効果が得られない。

なんのためにここまで自己肯定理論について学ばされてきたのか?

そう思ってしまいそうですが、大丈夫。この点に注意しながら、十分にヘコみの外での自己肯定の力を発揮する方法があります。

まずは、ルーティン化を心がけましょう。

必要なときに意識してむりやりすると、ヘコみの外での自己肯定や自己確認の効果が出ない。であれば、日頃から自分の習慣の一部として取り込む。

毎日のありふれた生活の一部として自己肯定や自己確認ができる習慣をルーティン化しておくことで、特定のときに意識する必要なしに「ヘコみの外での自己肯定」が自然とできているようにするのです。

意識してたまにやるのではなく、いつも無意識にやっている状況がつくれるように、ヘコみの外での自己肯定のルーティンを自分の習慣に組み込んでいきましょう。

お勧めのルーティンは、やはりなんと言っても、その日にあったことや思ったことなどを書き留めておく、ジャーナリング（日記）です。

ジャーナリングは心理療法の一つの手段として長きにわたり使われてきており、[38] 心の健康を保つツールとして、その効果は脳科学のレベルでも実証されてきました。[39]

さらに、脳のワーキングメモリーが活性化されたり、[40] 睡眠の質が上がったりするなんていう効果もあります。[41]

そんな「万能の心の健康ツール」であるジャーナリングは、もちろん、自己肯定感にも抜群の効果を発揮します。

自分の考えを書きだすことによって、自分自身と向き合い、自己確認、さらには、自己肯定につながる。

いろんな心や体の健康、自己肯定感などの全ての効果を一気に欲しい方にお勧めのルーティンです。

ジャーナリングは少しハードルが高いという方も必要以上に構えることはありません。数行でも構わないので、自分の感じたことを箇条書きにしてみましょう。

特に、脅威に晒されながらも、いつもポジティブに感じていたい自分の「顔」があれば、それ以外の「顔」のことについて、毎日書いていくのが良いでしょう。

例えば、仕事でポジティブでいたいなら、友人関係や趣味での出来事など仕事以外のことを書き留めるように習慣化していくのがお勧めです。

そうすれば、「ヘコみの外の自己肯定」効果で、仕事以外の自己肯定が、仕事での心の脅威に立ち向かう力を与えてくれます。

また、月曜日は仕事、火曜日は家族、などと曜日などによって定期的にトピックを変えられるようにするのもいいでしょう。

自分が長く続けられるようなジャーナリングのルーティンをつくるのが大切です。

最先端のハピネスの科学も太鼓判！　ＴＧＴジャーナル

自己肯定感の効果をさらにさらにグッと引き出したいという方には「ＴＧＴジャーナル」がお勧めです。

「ＴＧＴ」は『Three Good Things』の略で、その日にあった3つの良いことをジャーナル（日記）にするというシンプルなものです。

ここ数十年で盛り上がってきた「ポジティブ心理学」の代表的なエクササイズの一つで、ポジティブな気持ちや幸福感につながることが、科学的に立証されてきました。[42]

ＴＧＴジャーナルは、直接自己肯定感にいい影響を及ぼすだけでなく、日頃からヘコみの外での自己肯定をするメカニズムとして役立ちます。

ぜひ、自分の習慣に取り込んでおいて、迫りくる心の脅威に対する「免疫力」を高めておきましょう。

TGTジャーナルのつけ方

- **時間を決めてルーティン化**：毎日の生活リズムの中で、決まったタイミングにTGTジャーナルをつけましょう。寝る前がお勧めです。
- **その日よかったことを探す**：その日に起きた、小さなことから大きなことまでを振り返り、3つ良かったと思うことを見つけましょう。どんな些細なことでも構いません。
- **書き留める**：その3つのことを書き留めてください。以下の要素を入れましょう。

タイトル：それぞれの出来事にタイトルをつける。「駅前で親切な少年」「嬉しいギフト」「列の前の人のさりげない気遣い」などなんでもよし。

詳細：何が起きたのか、どこで起きたのか、誰が関係するのか、いつ起きたのか、どうやって起きたのか、などの詳細をできる範囲で書き込む。

自分の気持ち：自分が具体的にどう感じたのかを、思い起こしながら具体的に。

- **振り返る**：ジャーナルを書き終わったら、なぜそれら3つの出来事が起きたのか、数分振り返って考えてみましょう。

- **無理しない範囲で**：無理して長く時間をとったり、文章をたくさん書いたり、うまく書いたりする必要はありません。忙しい毎日、5分程度でも構いません。
- **自分なりにカスタマイズ**：その日のいいことをいくつか振り返って書くことが目的なので、継続してできるやり方を自分で模索して、適宜省略したり付け加えたりしてカスタマイズしてみてください。

自分の数ある役割はどれも自己肯定感の財産

自己肯定や自己価値の確認をルーティン化しておくことに加えて、もう一つ大切なのが、役割の多様性の視点から自分のライフスタイルを見つめることです。

自己肯定感理論の本質は、脅威に晒されている心の「顔」以外の部分で、自己肯定をすること。自分の仕事の役割でヘコんでいるなら、仕事以外の自分の役割で自己肯定や自己確認ができることが重要です。

つまり、自分の役割が多ければ多いほど、自己肯定や自己確認のチャンスが増えることになります。

日々の生活のリズムが、様々な自分の役割や、様々な人との関係に触れるようにできていれば、無理に意識せずに自分の違う「顔」を肯定したり確認したりできるのです。

実際に、あまり忙しくなりすぎない程度に、自分の果たす役割が多かったり、人間関係の広がりが多かったりする人ほど、自己肯定感や幸福感が高いことがわかっています。[43]

しかし、何事にも無理は禁物。強引に自分の役割を増やしたり、人とのつながりを広げたりして、逆にストレスになってはいけません。

普段は意識しなくても、誰もがいくつもの心の「顔」をすでに持っているものです。だから、そうした自分の役割や価値観の多様性を見つめ直すことから始めてみましょう。

下記のような点を考えると、自分がすでに持っている様々な「顔」を改めて振り返るのに役立ちます。

・**コミュニティー**：自分の所属するグループは何か。会社や、地域のコミュニティー、趣味のサークルに、家族や、交友関係。どんなグループでも、自分が所属するものを書き出してみましょう。

・**役割**：それらのグループでの自分の役割を確認していきましょう。

・**人間関係**：さらに、自分にとって大切な人を書き出していきましょう。家族、友人、仕事など、どういった関係性にあるのか、振り返ります。

自分の心の「顔」のそれぞれは、自己肯定感の財産です。

まずは、その財産をうまく毎日の生活の中に、バランスよく定期的にちりばめることを意識しましょう。

仕事だけしか考えない毎日では、仕事でヘコんでしまったときにヘコみの外での自己肯定ができません。

1日の中に、仕事以外の役割が現れるものを意識的にちりばめて、生活のリズムをつくっていきましょう。

仕事の帰りに、電車で趣味関連の動画を見る時間をつくったり、家に帰って友人や家族とオンラインで会話してみたり。

忙しい中にも、意識して多様な自分の役割や心の「顔」に触れる時間を組み込んでいくことで、日常のリズムの中で意識せずにヘコみの外で自己肯定、自己確認ができる確率が上がります。

より多くの「顔」に触れる生活は、より高い自己肯定感とより強いメンタルをつくり出してくれるのです。

ぜひ、自分の生活を様々な「顔」を使って多様化していきましょう。

さて、自己肯定理論で、ヘコんだ自分にポジティブな気持ちを取り戻すきっかけを見つけたら、次は、そのヘコみと向き合う必要があります。

そこをどうするのが効果的か。次の章では、自分の心のネガティブな気持ちに向き合う効果的な方法をみていくことにしましょう。

第3章

『マイナスに考えがちな自分をどうにかしたい。』

～ネガティブ思考の活かし方

質問　くよくよマイナスに考えてしまう性格をどうにかしたいのですが、どういったことを心がけていけばいいでしょうか？

日頃から悩みが多く、周りの人たちに相談したりもするのですが、それでもなかなか解決しません。

悩みとしっかり向き合おうとして、自分の心の中で考えれば考えるほどさらにネガティブな気持ちになってしまう気もします。

周りの人からしたら、たいして気にならないようなことでも、ついつい深く考え込んでしまい、気がつくとネガティブ思考に陥っているんです。

ぜひアドバイスをお願いします。

「心の声」を科学する

仕事中なのに、「週末にあれをやろう」、「これをやろう」などと心の中で想像していたら、いつのまにか表情もニンマリ。はたまた、仕事で起きた失敗について、「ああすれば良かったはずだ」とか、「いやそれでは結局ダメだった」などと自問自答しているうちに、ふと思えばしかめっつらに。

声には出さずに心の中で考えたり、自分と対話をしたりする。ポジティブもネガティブも、私たちは生きている限り、そうした「心の声」と常に付き合いながら過ごしています。

そして、私たちの「心の声」は、とても大切な役割を果たしています。

たとえば、自分を自分として意識することができるのも、自分の心を意識することができるから。「心の声」の働きがなければ、自己意識を持つことができません。[44]

また、一度聞いたことを心の中で繰り返すことで、記憶したり、心に言い聞かせてみたり、学習やトレーニングにも「心の声」が役立ちます。[45]

また、感情をうまくコントロールしたり、[46]目標に向かって計画したり行動したりするのにも「心の声」が一役買っているのです。[47]

この「心の声」の仕組みは、最近の脳科学によってだいぶ明らかにされてきました。[48]

私たちの脳のメイン機能として、おなじみの「ワーキングメモリー」。長期や短期の記憶を現在の意識にホールドして、整理したり、組み合わせたり、なんらかの「コマンド」を意識の中で実行する脳の働きを指します。[49]

そのワーキングメモリーの要素の一つが、私たちの言語に関する「音韻ループ」(phonological loop)という機能です。

音韻ループには大きく分けて二つの機能があります。一つが「心の耳」ともいうべき機能で、これによって今聞いた言葉を自分の意識に留めておくことができます。

もう一つがまさに「心の口」にあたる部分で、頭の中で意識している言葉を繰り返したりするのを可能にします。

この音韻ループのおかげで、私たちは心の中で自分の「心の声」と対話することができるのです。

悩みを人に相談するとこれだけ損する

私たちが私たちでいるためにとても重要な「心の声」ですが、心がネガティブに傾き出すとマイナスの方向にも力を発揮してしまいます。

冒頭の質問にもあったように、くよくよ考えてしまえばしまうほど、心がネガティブになり、心や体の健康を脅かしてしまうのです。

悲しい出来事があった後に、そのことを心に巡らせることで、さらに悲しさを増長させてしまう。そして、その悲しさのせいで、またさらにくよくよと考えてしまう。まさにネガティブ思考の悪循環が引き起こされる。

そうなると、適切な問題解決につながる建設的な考え方ができなくなってしまいます。

そして、そうした**ネガティブな「心の声」の働きは、うつ病[50]や不安症[51]、過食症[52]などのリスクを高めてしまいます。**

さらに、第1章では、ネガティブを無理やり忘れようとすると早死にするほど心や体に悪い影響が出てしまうことを説明しましたが（28ページ、「嫌なことは忘れようとすると早死にする!?」）、くよくよとネガティブに「心の声」と対話することは、もっと心の健康リスクを上げてしまうのです。[53]

さて、この章の冒頭の質問にもあったように、悩みがあるときは、誰だって友人や家族にちょっと相談したくなるものです。

実際、くよくよと「心の声」がネガティブに働きだしたとき、私たちが他人に相談したくなる傾向は心理学的にも研究されてきており、[54] 程度の差こそあれ万国共通の心の働きであることがわかっています。[55]

人間の脳は他の人との関わり合いを予期すると、快楽物質であるドーパミンを分泌します。[56] 脳はその「快楽」を求めて、悲しみを他の人とシェアしようとするのです。

そして、人に実際に悩みを相談するとき、一度ですめば健全にすむかもしれないところ、ついつい何度も同じようなことを相談してしまうなんてことも。

すると、聞き手の方もたまらず、ネガティブな相談に嫌気がさしたり、相談されないようにその人を避けたり、関係が引き気味になってしまいます。

実際に、人に悩みを何度も相談すると人間関係が悪化してしまう傾向があることがこれまでの研究で明らかにされています。[57]

つまり、**悲しいときにより良い心の状態を求めて周りに相談しようとするものの、実際に相談してしまうと、人間関係に悪影響が出てしまい、かえって心の不安定につなが**

ってしまうのです。

それでは、人に相談するのが得策でないとすると、一体どのように、ネガティブに走りだした「心の声」と付き合っていけばいいのでしょうか？

「リトル本田」の真実

この難問に対するヒントがサッカー元日本代表の本田圭佑選手の名ゼリフに隠されていました。

本田選手は、言わずと知れた日本を代表するサッカー選手。サッカーのワールドカップに3大会連続で出場し、海外でのプレー経験も豊富です。プレーだけでなく、印象的なメディア・パフォーマンスでもファンを魅了してきました。

その本田選手がイタリアの名門クラブACミランへ移籍を決めた2014年1月。会見での記者とのやりとりが注目を集めました。

当時、数多くあったであろうオファーの中から、どうしてACミランを選んだのかと聞かれ、本田選手は英語でこう答えました。

That's easy, I just asked my little Honda in my heart "Which club do you want to play?"

（それは簡単でした。私の心の「リトル本田」に「どのチームに行きたい？」と尋ねたのです。[58]）

非常に栄誉な名門チームへの移籍ニュースに加えて、独特のキャラクターがたっている名コメントだったので、すぐに様々なメディアで取り上げられました。

いい大人が、心の中の小さな自分に話しかけて、重大決定をしたなんて。

面白おかしく「迷言」として話題になっていましたが、実はここに、ネガティブな「心の声」と向き合う効果的な方法が隠されています。

それは、**自分の気持ちに距離をとり、見つめなおしてみる**こと。「距離（ディスタンス）をとる」という意味で、「ディスタンシング」（distancing）と呼ばれる心理メソッドです。

「リトル本田」という具合に、自分の心を他の誰かのように見立てて、自分を外側から見直すような視点をとる。まさに、ここで言うディスタンシングの技法の一つといえます。

ディスタンシングによって、自分の心に「距離」を置くことができて、プレッシャーやマイナス思考、くよくよと悩むネガティブな気持ちなどのスパイラルから抜け出し、より建設的に考えるきっかけができる。

実際に、最近の心理学研究によって、ディスタンシングが、ネガティブな自分の心と向き合うのに効果的なメソッドであることがわかってきました。

感情のバランスを保ったり、メンタルを強くしたり、さらには、厳しい状況で冷静な判断をしたり、人間関係を良くする効果まで確認されています。[59]

もちろん、本田選手自身が、そうした科学的な研究を意識して「リトル本田」に話しかけていたかどうかは定かではありません。

むしろ、世界の最前線のスポーツ選手として注目される中で、自然と行き着いたメンタル術であるのかもしれません。

最新科学が明かした！　心に優しい「幽体離脱」メソッド

そして、ここで私たちに朗報なのが、本田選手のようなすごい人でなくても「ディスタンシング」を身につけることができること。

これまでに様々な「ディスタンシング」のメンタルトレーニングが開発されており、性別や年齢を問わず広く効果が確認されてきています。

中には、オンラインで短時間するだけで、既存のメンタルトレーニング同様の効果が発揮されるなんていうものもあります。[60]

ここではこの分野の世界的権威である、**ミシガン大学イーサン・クロス教授が勧める簡単ディスタンシングのテクニックを厳選してご紹介しましょう。**[61]

どれもこれまでの研究で科学的根拠が分厚く示されてきた方法ばかりです。

自分を呼ぶ

自分の心を外側から見る視点のきっかけをつくるのに、心の中で自分のことを呼んでみましょう。「君」や「あなた」、もしくは自分の名前を使って、他人に話しかけるように、自分のことを呼んでみてください。

友達に声をかけるふりをする

現在の自分の状況を自分の友達が体験しているとしましょう。なんと声をかけますか？　友達にアドバイスする気持ちで、自分の心と対話してみましょう。

心のタイムトラベルをする

1週間後、1カ月後、1年後。少し時間が経ったときのことを想像してみましょう。そのときの自分はどのように感じているか？　そんな視点で自分の今の気持ちと向き合ってみましょう。未来が難しいならば、過去の自分のつもりになってもＯＫです。

壁の虫になる

あなたは偶然その部屋の壁に止まっている虫です。その虫の目線から自分が悩んでいる出来事を、視覚的に思い描いてみましょう。あなたとは関係のない、その虫になったつもりで「自分」がなぜ悩んでいるのかを見つめ直してみましょう。

自分の心の外から自分を見つめ直す。そのことでネガティブに立ち向かう。
まさに心のための「幽体離脱」の厳選４メソッドをお試しください！

ネガティブ思考のＡＢＣ

さて、私たちがネガティブに考えてしまったり、くよくよ悩んでいたりするときには、必ずその思考や気持ちの対象になる出来事があります。

仕事でミスった。親友と口論になった。試験の不合格の通知を受け取った。大なり小なり、何かの出来事があって、そのことをくよくよ考えたり、ネガティブに感じたりするわけです。

つまり、何かきっかけとなる出来事があって、その結果としてネガティブな気持ちが生まれる。

この「きっかけとなる出来事」を英語の「Activating Event」にちなんで「A」として、その結果起きるネガティブな気持ちを「Consequence」（結果）から「C」とします。

すると、何かきっかけがあって、嫌な気持ちになるという具合に、「A」から「C」が発生すると見ることができる。

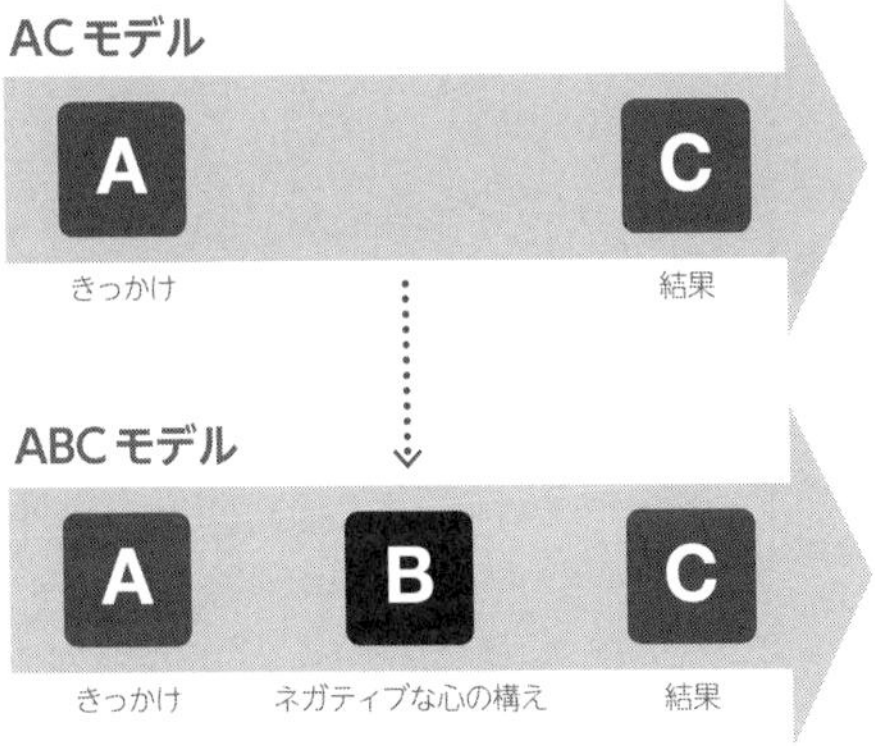

その意味で、この心の仕組みの模式化を「ACモデル」と呼びます。

しかし、ACモデルは少しシンプルすぎです。

なぜなら、同じきっかけとなる出来事が起きても、人それぞれ、また、気の持ちようによって、どんな感情になるかは違ってくるからです。

例えば、以下のエジソンの名言はあまりにも有名です。

私は失敗をしたことがない。1万のうまくいかない方法を見つけただけだ。

多くの発明を生み出す裏には無数の失敗があった。しかし、「同じ失敗を将来繰り返さないための学び」と捉えることによって前向きにいられる。

アメリカのバスケットボール界の歴史に残る名選手マイケル・ジョーダンも同様の名言を残しています。

私は現役時代、9千回のミスショットをして、300試合で負けた。ゲームを決めるウィニングショットを任されて、26回失敗した。私は人生で何度も何度も失敗を繰り返してきた。そして、そのおかげで成功することができた。

何か出来事が起きて、私たちがどう感じるかは、捉え方次第なのです。

どんな意識でいられるか。どう考えられるか。どういう姿勢でいられるか。

そういった自分の「心の構え」が鍵になります。

つまり、きっかけとなる「A」から気持ちの結果である「C」の間に、自分の「心の構え」、いわば「Belief」がある。

「A」から「B」を経て「C」ということで、これを「ABCモデル」と呼びます。

ABCモデルは、「認知行動療法」の基本となる考え方です。

認知行動療法(Cognitive Behavioral Therapy)は英語名の頭文字をとって「CBT」とも呼ばれる代表的心理療法の一つです。

何かが起きてネガティブに感じたならば、その出来事(A)とその結果である気持ち(C)だけでなく、AとCの間にある、心の構え(B)も含めて見直す。

そうすることで、ネガティブな気持ちと上手に向き合うきっかけを与えてくれる。

この考え方が、認知行動療法の基礎にあります。

20世紀半ばからの分厚い研究の蓄積から、うつ病や拒食症などをはじめとする主要な精神疾患に対しても認知行動療法の有効性が確認されてきました。[62]

また、認知行動療法のスキルで、ネガティブ思考とうまく向き合うことで、自己肯定感につながることもわかってきました。[63]

それでいて、「認知行動療法」なんていう専門的な響きの名前に似つかわしくないシンプルな形で、自分の習慣にとりこむことができるので、これからそのやり方を解説していきましょう。

事実をひん曲げる心の小悪魔たち

まずは、「ABC」の「B」に着目して、認知行動療法の基本を学びましょう。

先ほど紹介したエジソンやマイケル・ジョーダンの言葉が、彼らの英雄的偉業を表す格言になっているのはなぜか。

それは、第1章（30ページ、「ネガティブ思考の進化論」）でも前述したように、私たちの心にネガティブに考えてしまう傾向が備わっているからです。

普通は失敗をすればネガティブに考えてしまう。「そうじゃなくてポジティブに失敗を捉えようよ」と視点を変えてくれるのが彼らの名言なわけです。

そうした私たちの心の傾きを今一度思い出して、ネガティブな気持ちと向き合うことが鍵になります。

何か起きて、ネガティブに感じている。それは、自分の心のネガティブ思考の仕組みが働いているから。

出来事「A」が起きて、ネガティブな気持ち「C」になっている。それを引き起こしたのは「B」でそこには、私たちのネガティブな心の傾きが影響している。

そうした気持ちで「ＡＢＣ」を振り返るのが、認知行動療法の基礎になります。

その「ＡＢＣ」の振り返りをするにあたって、予めどのようなネガティブ思考が私たちの心に作用しがちかを知っておくと、非常に役立ちます。

そのために、これまで心理学で研究されてきた代表的な11のネガティブな心の傾向を、学んでおくことにしましょう。

以下、認知行動療法の世界的権威であるスタンフォード大学のデビット・バーンズ教授のベストセラー「Feeling Good」からご紹介します。[64]

1　白か黒か：「いい」か「悪い」か。「完璧」か「全然ダメ」か。物事を両極端に考えてしまい、間の「グレーゾーン」を見落とす。

2　極端な一般化：1回だけしか起きていないのに、いつでもそうだと思ったり、一部を見ただけで、全体がそうであるかと思ったり。一部から全体を決めつける。

3　フィルターに通す：すべてを見ようとせず、ある種の事柄だけに注目して判断してしまう。褒めてもらっているのに、批判だけが気になるなど。

4　いいことを認めない：ポジティブなことが起きても、そのまま受け入れられない。うまくできたのに「単なる偶然」とか、褒めてもらっても「気を遣われているだけ」など。

5　気持ちの決めつけ：相手の気持ちや考えを疑いなく決めつける。瞬間のしかめっつらをみて相手が自分を嫌っていると決めつけるなど。

6　未来の決めつけ：将来に悪い出来事が待ち受けているとか、いいことが起きないとか、決めつけてしまう。失恋の後にもう恋人は一生できないと悲しみにふけったりするなど。

7　拡大解釈、過小評価：物事を大きすぎ、もしくは、小さすぎに解釈する。1回の小さなミスに心を乱されたり、目の前のチャンスもたいしたことがないと見過ごしたりするなど。

8　感じたら事実：自分が感じただけなのに、それを事実と決めつけてしまう。大親友がそっけないと感じただけで、自分が嫌われていると結論づけてしまうなど。

9　「すべき」思考：何かを「すべき」だと決め込んで、実現困難な期待を押しつけてしまう。状況が大きく変わり、実現困難になった目標でも「すべき」と思い込んで辛くなるなど。

10　レッテル貼り：偶然だったり、一度きりの出来事から、相手の性格などを決めつけてしまう。偶然起きたミスを見て、「できない人」と結論してしまうなど。

11　自分の責任：自分の関与だけで全てが左右されないのに、起きてしまったことが自分の責任であると思い込む。自分が遅刻したせいで運動会が中止になったなどと決めつけるなど。

私たちの心には、これらをはじめとするネガティブ傾向があり、本来ならとるに足らないような出来事でも、ネガティブな気持ちになってしまいがちなのです。

いわば、**事実をネガティブな方向にひん曲げる「小悪魔」たちが、私たちの心には住んでいるのです。**

まずは、その「小悪魔たち」を意識することが、認知行動療法の第一ステップなのです。

ABCDEで気持ちをオーバーライト

さあ次は、実際に、認知行動療法的な心の習慣を身につけていくステップです。「小悪魔たち」を意識しながら、「ABCモデル」を使って、正しくネガティブな気持ちと向き合っていきます。

まずは何が起きたのか、どんな気持ちになったかを考えます。AとCの振り返りです。

例えば、「A」は「仕事のプロジェクトに失敗した」、「C」は「自分の能力の低さに落ち込んでいる」という具合です。

そして、「A」から「C」にいたらしめた自分の心の構えである「B」を振り返りましょう。先ほどの11の心の小悪魔たちを参考に、自分の心の構えが必要以上にネガティブに作用していないかを考えます。

例えば一度だけの失敗で自分の能力全体を判断してしまっているのかもしれません。そうだとすると、「いき過ぎた一般化」があるかもしれないと考えてもいいでしょう。

そうやって、「B」を振り返り、自分のネガティブな心の作用の可能性に気づいたら、今度は「そのネガティブな思考は本当に根拠があるのか」「その他に考え方がないか」など、「B」を批判的に見つめ直して、それ以外の考え方を模索してみましょう。

これが「B」を「批判」的に見直す「Dispute」の「D」のプロセスです。

「B」を批判的に見直したら、最後にその上で、気持ちにどんな変化が起こったのか、ここまでのＡＢＣＤのプロセスの「効果」つまり、「Effect」を振り返ってみます。

こうして、「A」（きっかけ）、「B」（ネガティブな心の構え）、「C」（結果や気持ち）、

「D」（批判的な見直し）、「E」（振り返りの効果）の5つのステージを基礎にするので、この気持ちの振り返りの方法を「ABCDEモデル」と呼びます。

このABCDE方式は様々な形で私たちの心の習慣として取り込むことができます。ちょっとネガティブになっていると感じたら、意識的にABCDEを振り返ってみてもいいでしょう。

中でもABCDEについて、自分の振り返りを書き出すことが効果的とされています。1ページのノートにまとめられるように、ABCDEを図式的にまとめておきますので、参考にしていただければと思います。

ABCDEノート

ABCDEノートを使って、上手にマイナスに考えがちな自分と向き合っていくことで、求めるべき自己肯定感を手に入れましょう！

Activating Event　きっかけとなる出来事

A
- 自分がネガティブに考えている出来事は何か？
- いつ、どこで、誰が、何をしたのか。客観的にまとめる。

Consequence　結果や気持ち

C
- その出来事に関して自分がどう感じたのか。
- 自分の主観的な気持ちを書き留めます。

Belief　ネガティブな心の構え

B
- Cを感じた、自分の心の構えは？
- 11の小悪魔は作用しているか？

Dispute　批判的な見直し

D
- Bには本当に根拠があるか？
- B以外のポジティブな考え方はあるか？

Effect　振り返りの効果

E
- Dの結果どう感じるか？
- どのような気持ちの変化があったか？

第4章

『心も体もだるい気がする。』

～心と体の自己肯定　最新科学のライフデザイン

質問　体調が悪いというわけではないし、ネガティブ思考で悩んでいるということでもないんですが、たまに、ふと我にかえると、ほのかにだるいというか、やる気があまり上がらないというか、そんな気がするときがあります。

自分で言うのもなんですが、仕事も人間関係も人並みに、どこが悪いということもない気がするし、恵まれている方だと思います。

ただ、夜更かししたり、食生活や運動もランダムなので、そういう自分の生活のリズムとか習慣とかが、「気持ちに影響しているんじゃなかろうか」なんて思ってきました。

ただ、どういうふうに改善するのがベストなのかわかりません。自己肯定感に溢れるライフスタイルのために何かいいヒントを教えてください！

エクササイズ習慣と心の脳科学

運動不足は年齢や性別にかかわらず、忙しい現代を生きる全ての人々に切実な問題です。糖尿病や高血圧だけでなく、癌や心臓疾患など様々な疾患のリスクが上がってしまいます。[65]

そのため、**運動不足を促すライフスタイルは、国際的な問題として取り上げられ、高い健康へのリスクから「パンデミック」と認識されて**きました。[66]

そして運動不足の問題は、心の健康にも深く関係しています。

例えば、運動不足はうつ病のリスクを上げる。[67]

私の勤務するスタンフォードがあるアメリカでは1700万人がうつ病に苦しむなかで、運動不足のライフスタイルの広がりは、さらに大きな課題となってきています。[68]

そうした中で、「運動は薬である」[69]として、適切なエクササイズ習慣を医療現場により積極的に取り入れていこうという動きが起こり始めています。

精神医療の現場も例外でなく、主要な精神療法にならんで、運動が効果的な治療法の一つとみなされており、より正確で患者のニーズに合ったエクササイズ習慣を「処方」しようとする取り組みが活発になってきているのです。[70]

実際、いいエクササイズ習慣が私たちの心の健康にもたらす影響はすごい。

うつ病や不安症などの精神疾患[71]だけでなく、中毒や依存症の改善にもつながる。[72]また、自信や幸福感の向上[73]、目的意識[74]や、人間関係の改善にも。[75]

さらに、認知機能の向上まで促すことがわかっています。記憶力や集中力のアップ[76]に、学校の成績アップ[77]、物忘れや老化の防止[78]まで。

そして、そうした効果がうまれるメカニズムが最新の脳科学により徐々に紐解かれようとしています。

例えば、適度に体を動かすことで神経安定の働きをするセラトニン[79]や、幸福感を促すβ－エンドルフィンなどの神経伝達物質が増えること[80]は、すでにおなじみの事実かもしれません。

さらに、いいエクササイズ習慣を続けると脳の可塑性、プラスティシティーが増大し、脳自体の変化が促されることもわかってきました。

例えば、脳のニューロン細胞が集まる灰白質の分量が増えたり[81]、ニューロンの成長やニューロン同士のシナプス結合を促すとされるＢＤＮＦという物質が増加したり[82]することが知られています。

エピジェネティクスでいい運動の影響が孫にまで遺伝する

それだけではありません。驚くべきことに、**私たちが良いエクササイズ習慣を持つことでえられる良い影響は、自分自身の心と体だけでなく、子どもやその孫たちにまで**

「遺伝する」とまで考えられています。

　しかし、その遺伝のメカニズムは、ＤＮＡの変化によるものではありません。運動では、私たちのＤＮＡに直接の変化が生じないからです。

運動によって変化するのは、私たちのＤＮＡ自体ではなく、ＤＮＡの発現の仕方です。

ここで重要なのが「エピジェネティクス」。最近よく聞くようになった言葉かもしれませんが、ここで簡単に解説しておきましょう。

まず、私たちの身体中にあるそれぞれの細胞はすべて同じＤＮＡを持っています。

私のＤＮＡは、いわば、私の「体の設計図」。私の手にある細胞も、目にある細胞も、すべてその同じ「設計図」からできています。

そして、その「設計図」がそれぞれの細胞に「保存」されているわけです。

しかし、私たちの体にあるどの細胞も同じＤＮＡを含んでいるにもかかわらず、場所によって形や機能が異なっている。

例えば、私たちの手も目も全く違う形と機能を備えているわけです。

つまり、ＤＮＡが同じなのに、違う細胞になったり、違う身体的特徴が現れてくる。

そうしたことが起きるのは、ＤＮＡの一部が「発現」することによって、私たちの心や体が作られているからです。

ＤＮＡのどの部分が発現するかは、ＤＮＡを取り巻く環境によるもので、ＤＮＡと周りの環境がどのように互いに作用しながら、生物を作り上げていくかを研究するのが、「エピジェネティクス」です。

そして、いいエクササイズ習慣は、私たちのＤＮＡを取り巻く体の中の環境を変化させます。

それによって、私たちの体の各所でＤＮＡの発現の仕方が変化して、私たちの心や体にいい影響が現れるのです。

つまり、いいエクササイズ習慣は、ＤＮＡではなく、エピジェネティックな変化を引き起こすわけです。

そして、私たちのエクササイズ習慣がもたらす私たちへのいい影響は、子どもやその孫にもエピジェネティックに遺伝していくと考えられています。[83]

孫の代までシェアできる心と体の健康。

自分だけでなく、子々孫々の心と体の健康のためにも、いいエクササイズ習慣を積極的に取り入れていきましょう。

自己肯定感がアップする正しいエクササイズ習慣

さて、ここまで体を動かすことが、体そのものの健康だけでなく、心の健康にいい影響を与えることを解説してきました。

そして、このことは自己肯定感についてももちろん確認されてきました。[84]

いいエクササイズ習慣は、私たちの自己肯定感にもいい影響を与えるのです。

それではどのようなことに気をつけて体を動かせば良いのか？

運動で自己肯定感をアップさせたいときに意識するポイントを解説していきましょう。

まず、運動による自己肯定感アップは、年齢や性別に関わらず、誰にでも期待できることが示されてきました。中でも特に高い効果が期待できるのは、以下に当てはまる人たちです。[85]

・**子ども、若者、40代くらいまで：**特にはっきりとした年齢制限はありませんが、高齢よりもその他の年代の人に自己肯定感アップがより高く期待できます。もちろんそのほかの年代にも効果は確認されています。

・**自己肯定感が低い人：**自己肯定感がもともと高い人にも効果はありますが、そうでない人にさらなる効果が期待できます。第1章の自己肯定感テストをしてみて、低めの点数が出た方には特にお勧めです。

・**運動がもともと必要な人**：肥満や加齢、その他健康上の理由で運動が必要な場合は、運動をすることでさらに高い自己肯定感のアップが期待できます。体の健康だけでなく、心の健康もゲットできる一石二鳥のチャンスです！

エクササイズの種類、頻度や期間に関しては以下のような点がはっきりしてきています。[86]

・**単発よりも長期で**：単発のエクササイズでも一定の効果が確認されていますが、3－6カ月ほど続けることが重要です。体重など体の健康の変化よりも、さらに長い目で見て継続可能な生活習慣を意識することが大切です。

・**有酸素運動を組み合わせて**：筋トレなども有効ですが、もっとも自己肯定感に効果が現れやすいのは、中強度の有酸素運動のようです。軽い早歩きや、リラックスしたサイクリング、さらに、大掃除などでも中強度の運動の効果が得られます。

・**30分から1時間**：そうしたエクササイズをある程度の時間をかけてすることが重要です。目安としては、終わった後にそれなりの達成感が得られること。でも、疲れすぎは禁物。継続が大切です。

・**週に最低150分**：世界保健機構（WHO）によると、週に最低150分の中強度の運動が必要だとされています。つまり、30－60分程度の運動を週に数回（3－5回）できるようにしましょう。

この辺りを参考にして、まずは、来週1週間のエクササイズをプランニングしていきましょう。

その予定を実行してみた結果を踏まえて、また次の週の新しいエクササイズ計画を立てます。多すぎて負担になってしまったところは減らして、より長続きできるよう、足りなかったところはどのように増やすことができるかを考えましょう。
そうした要領で毎週プランニングと振り返りを、焦らずに気長に続けます。

さらに、第2章や第3章で見てきた日記などの方法を取り入れて、自分の気持ちの変化を観察できるようにすると、エクササイズ習慣のもたらしてくれたポジティブな心の変化が実感しやすくなるので、試してみましょう。

グレートネイチャーの力

さて、自己肯定感のライフスタイルを作っていくのに、エクササイズ習慣と組み合わせて考えたいのが、自然に触れる時間です。

仕事や勉強の合間に小さな公園の緑にふれてほっと一息。そんな具合に自然とのふれあいによって、リラックスしたり、ストレスが和らぐのは珍しい体験ではありません。

そして、自然とのふれあいによるストレス解消や集中力回復の効果は、科学的にも様々な形で確認されてきています。[87]

例えば、週に1回、アウトドア活動をする子どもは、1日のコルチゾルのサイクルが改善し、ストレスが少なくなり、ストレス耐性がつくなんていう報告もあります。[88]

さらに、都市よりも、自然に囲まれた環境にいることで、病気やケガの回復が早くなったり、[89]日頃からの健康状態がよくなったり、[90]寿命も長くなったり[91]といった具合に、自然は私たちの体にいいことずくめです。

そして、もちろん、同様な効果が心にも確認されています。

例えば、自然にふれると、怒りや悲しみなどのネガティブな感情が解消されやすく、心の安定やウェルネスが向上する。[92]

しかも、そのような**自然とのふれあいによる心へのポジティブ効果は週に2時間程度、自然とふれあうことで最も大きくなり、3－4時間をすぎると効果が逆に下がるかもし**

れないなどの詳細な研究まであります。[93]

まさに「グレートネイチャーの力」。大自然に心も体も癒される。

しかし考えてみれば、私たちの体や心がそのようにできていることは、ごく当たり前のことかもしれません。

動物の進化の歴史から見れば、現在のような都市生活が栄え始めたのはごく最近のことであって、私たちの祖先は長きにわたり自然のなかで暮らし、生き抜く術をＤＮＡに刻み込んできました。

そうした進化の過程の中で、動物としての私たちの心や体が自然と寄り添うようにできてきたのは、私たち人類の自然への適応の歴史の現れなのです。

1日5分で効果が出る！　グリーンエクササイズの特効薬

そしてもちろん、自然とのふれあいは、自己肯定感アップにもつながる！

特に、前述のエクササイズ効果と組み合わせることで、効果絶大。なんと1日5分、何らかの自然にふれたりしながら歩くだけで、ポジティブなムードになり、継続的な自己肯定感の向上につながります。[94]

自然にふれながら散歩する以外にも、自転車に乗ったり、釣りをしたり、ガーデニングをすることでも同様の効果が確認されています。また、水辺のアクティビティーだとさらに自己肯定感アップなんていう報告もあります。[95]

自然とふれあいながら、心と体へのいい効果。副作用ももちろんない。まさに、グリーンエクササイズは、自己肯定の心と体の万能薬なのです。

特にグリーンエクササイズの効果を最大限に活かしたい方に、ここでは、カリフォルニア大学バークレー校の「より良い人生科学センター」(Greater Good Science Center)が発表している「自然鑑賞ウォーク」をご紹介しましょう。[96]

自然の中を歩くというグリーンエクササイズをしながら自然とふれあっていることを改めて「味わう」（Savoring）意識をプラスすると、さらに幸福感や満足感を向上させる効果がアップします。[97]

自然鑑賞ウォーク

- **20分の自然ウォーク**：公園や広場など自然とふれられる環境を20分ほど散歩しましょう。
- **毎日決まったタイミングで**：毎日なるべく決まった時刻を選べるとベター。
- **味わいながら**：目に入ってくる自然の小さな変化を探しながら歩きましょう。空気の温度や匂い、周りの音など感覚を研ぎ澄ませ、今までとの違いに何かに気づいたら、そこに注意を集中して、その感覚を味わいましょう。

寝不足も寝過ぎも要注意

さて、運動やアウトドア活動に加えて、1日の生活習慣で意識すべきなのが、睡眠です。

悩み事があったり、悲しいことが起きたときは、ネガティブな気持ちが強くなり、寝つくのが難しくなったりするもの。

そうした体験からも推測できるように、うつ病や不安症などの心の病から睡眠の問題が引き起こされることが長い間認識されてきました。

心の問題が、睡眠の問題を引き起こすというわけです。

さらに、最近の研究では、その逆も明らかになってきたのです。

つまり、睡眠の問題が、心の問題を引き起こす。

実際、睡眠不足自体が、うつ病や不安症のリスクを上げることがわかっています。[98]

寝不足のときに、どことなくイライラしてしまったり、ネガティブに考えがちになってしまうのも、このように睡眠と心が互いに作用し合っていることのあらわれなのです。

そしてこの事実は自己肯定感を育てるライフスタイルを考える上でも肝心です。

例えば、やりがいがある仕事で自己肯定しようと、長時間のデスクワークで睡眠の時間が減ってしまっては、逆に心の問題につながってしまいかねません。

しっかりと十分な睡眠をとることは、体や心の全体的な健康のために大切なことはもちろん、自己肯定感を育てていく上でも、注意しなくてはいけないのです。

だからといって、睡眠時間が多ければ多いほどいい、というわけではありません。

なんと、自己肯定感に焦点を当てると、寝過ぎてしまうのも逆効果だということがわかっています。

6時間以下の「睡眠不足」と同様に、9時間以上の「寝過ぎ」は、低い自己肯定感と相関していることが示されています。[99]

自己肯定感にベストなライフスタイルをデザインするためには、7、8時間程度の睡眠のリズムを意識したいところです。

科学が示した食で心が変わる理由

運動、睡眠ときて、この章の締めくくりにお話しするのが、そう、食事です。

私たちの生活習慣を考えるときに欠かせません。

そして、私たちが何を食べるのかということも、私たちの自己肯定感に大きな影響を与えるのです。


食事と自己肯定感？　この関係を理解するために、私たちの「お腹」と「脳」のディープな関係を押さえておきましょう。

まず、重要なのが、「ベガス神経」。脳から首を通り、胸やお腹の部分にある内臓に至る最大級の脳神経です。頭からお腹まで、身体中をさまよっているという意味で「迷走神経」とも呼ばれています。

このベガス神経によって、私たちの「脳」と「お腹」は緊密にやりとりをしているのです。

そしてその「脳」と「お腹」の間のやりとりは、体内で作られる伝達物質によって行われます。

やる気や幸福感、快楽に関わるドーパミン、精神を安定させるセロトニン、ストレスや不安を抑制するＧＡＢＡなどの神経伝達物質や、ストレスに関連の深いアドレナリンやノルアドレナリンなどのホルモン、これらの伝達物質は脳を中心とした中枢神経系や、自律神経系、視床下部―下垂体―副腎型（ＨＰＡ軸）などで作られて、「脳」と「お腹」の間で複雑に影響し合いながら、私たちの心の働きを支えています。

例えば、脳でつくられるセロトニンを検知する「レセプター」の90％は消化器官にあると言われていますが[100]、これはつまり、心の安心を作るセロトニンをキャッチする仕掛けのほとんどが「お腹」にあるということを意味しています。

迷走神経のイメージ

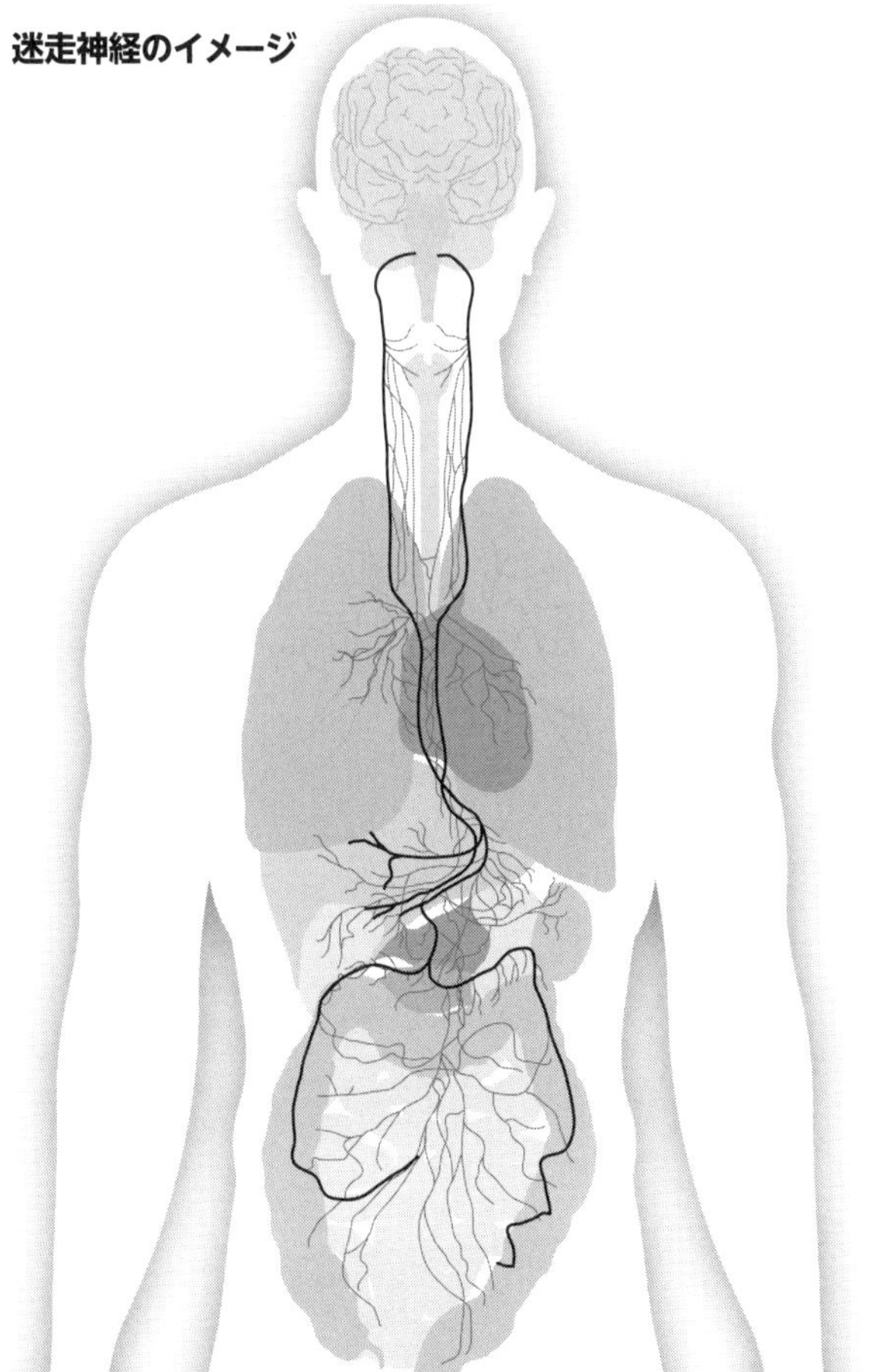

私たちの「お腹」と「脳」は体の位置としては遠く離れているようでも、実はとっても近しい関係にあるのです。

そして、その「お腹」と「脳」のやりとりをしている伝達物質のバランスは、私たちの食事によって大きく左右されます。

私たちが食べたものが消化され、血液中に吸収された物質が、セロトニンや、ドーパミン、GABAなどの伝達物質のバランスに直接作用するのです。

「お腹」と「脳」の間の伝達物質のバランスが変わり、私たちの心のバランスが変わる。

そうやって、私たちの食事は私たちの心の状態に大きな影響を与えているのです。

そして、自己肯定感もその例外ではありません。

お腹に住む仲間たちが好きなのは日本食

さらに、私たちの腸内に住むバクテリアは、私たちの心の健康にも大きな影響を与えているということを押さえておく必要があります。

腸内のバクテリアとうつ病や不安症などの精神疾患との関連はこれまでも盛んに研究されてきました。[101]

例えば、腸の炎症などでバクテリアに影響が出ることで心のバランスが崩れたり、[102] 特定のバクテリアの増減により、ドーパミンレベルが変化し、アルツハイマーやパーキンソン病などのリスクが上がったりする。[103]

他にも、統合失調症患者の「お腹」のバクテリアをマウスに移転したところ、統合失調の症状が現れたなんていう驚きの報告もあります。[104]

また、逆に、心のバランスのちょっとした崩れで、腸内のバクテリアのバランスも変わってしまいます。

例えば、社交の場でのストレスが2時間続くだけで、腸内バクテリアに影響が出てくるとする研究もあります。[105]

ストレスも多い現代の生活。できれば食生活で私たちの腸内に住む「仲間たち」をサポートして、心のバランスを保ちたいものです。

それではどうしたらよいのか。

腸内バクテリアのバランスをサポートするのに注目しておきたいのは、プロバイオティクスとプレバイオティクスです。[106]（「プロ」と「プレ」の違いが微妙なので注意しましょう！）

プロバイオティクスは、私たちの腸内にも住む「仲間たち」がそのまま含まれている食べ物です。ヨーグルトやチーズなどの発酵食品に多いことが知られています。

プロバイオティクスは、早くからうつ病との関連が研究され、摂取することで、ストレスや暗い気持ちが減る効果があることがわかっています。[107]

味噌や納豆、キムチ、テンペなど日本食やアジア料理は発酵食品の宝庫なので、積極的に食生活に取り入れていきましょう。

それから、プレバイオティクスは、私たちの腸内に住む「仲間たち」の「食料」になる食べ物です。

例えば、私たち人間の消化器官だけでは処理しきれない繊維質だって、腸内の「仲間たち」にとっては大切な「エネルギー源」になります。

だから、「プロ」バイオティクスで、腸内の「すごい奴ら」を増やすだけでなく、「プレ」バイオティクスも摂ることで、彼らの働きをより一層サポートできるのです。

プレバイオティクスは、豆類や雑穀類、バナナやイチゴ、玉ねぎやアスパラなどに多く含まれています。

こうしたところを見てくると、**味噌汁、玄米、納豆などふんだんに取り入れた昔ながらの日本食は、私たちの心と自己肯定感を支えるスーパーフードだ**といえるかもしれませんね。

自己肯定感弁当の科学的なつくり方

私たちの腸に住む「すごい奴ら」のサポート以外にも、自己肯定感にいい食べ物と悪い食べ物があるので紹介しておきましょう。[108]

摂りすぎは注意

- **甘いもの**：糖分の摂りすぎはうつ病のリスク。甘い缶ジュースを1日に2本以上飲むと、うつ病のリスクが25％上がってしまいます。また「人工甘味料」にも要注意。
- **白米、パン、ポテト**：「消化しやすい」炭水化物は特に気をつけましょう。野菜や果物、豆類などに含まれる炭水化物はＯＫ。
- **マーガリン、スナック菓子**：植物や魚由来の油を加工する過程でできる「トランス脂肪酸」には要注意。

積極的に摂りたい

・**魚**：自己肯定感にいい影響のあるオメガ3脂肪酸が多く含まれます。その他、枝豆やくるみなどにも。また、サラダオイルよりもキャノーラオイルの方がオメガ3をよく含みます。

・**野菜と豆**：葉酸や、鉄分、ミネラルが自己肯定感にいいことがわかっています。レバーもお勧めです。

・**オリーブ油、ナッツ**：動物性の油やバターではなく、植物性のものを食生活の中心に。

・**スパイス**：抗酸化作用で脳の細胞を助けます。自己肯定感との関連も示唆されてきました。オレガノやターメリックは抗酸化作用がピカイチ。

この食材リストは是非とも参考にしていただきたいのですが、同時に、極端な解釈には気をつけていただかなくてはなりません。

「摂りすぎは注意」は自己肯定感のサポートを強く意識するならば、なるべくなら避けた方がいい食材のリストですが、少し食べたからといって、絶対に自己肯定感に影響してくるというわけではありません。

逆に、「積極的に摂りたい」も、食べないと自己肯定できないということでもなければ、食べれば絶対に自己肯定できると言うわけでもありません。

自己肯定を育てていく上で、なるべく意識して、できるときは避けてみたり、増やしてみたりするように心がけるためのリストです。

私は料理が趣味で日頃からキッチンに立っているので、こうした食材のリストをみると「何がつくれるかな？」とついついレシピを考えたくなってしまいます。

読者の皆さんも、ここに書いてあるリストを生かして、どんなメニューができるかを考えられてはいかがでしょうか。

自己肯定感をサポートする食材を生かした自分だけの「自己肯定感弁当」を考案して

みてください！

第5章
『周りの目が気になる。』
～ソシオメーター理論が明かす！
思いやりと感謝の自己肯定

質問　周りはどう考えているんだろう。ダメなやつだと思われているんじゃないか。嫌われているんじゃないか。

そんな感じで、周りの目が気になってしまい、自分のことをポジティブに受け入れることが難しくなってしまうことがあります。

人からの評価が気になるのは自己肯定感が低いからなのでしょうか？

周りからの見た目なんて気にしない、強い自分を持たなきゃいけないような気もします。

周りからの目線が気にならなくするのに、何かよい方法はありますか？

進化論から考える自己肯定感のアドバンテージ

この質問にもあるように、周りの目が気になることと自己肯定感は非常に深く関係しています。

この章では、その関係を「ソシオメーター理論」を学びながら紐解いていきましょう。意外な自己肯定感のアップ法が見つかります。

まずは自己肯定感を進化論の視点から見つめ直す必要があります。

私たちの心には自分を肯定する力が備わっています。自己肯定の力です。しかし、なんで私たちはそんな能力を持っているのでしょうか。

進化生物学的な立場からいえば、私たちの体や心のもっている機能は全くの偶然の産物ではないはずです。

自然界の厳しい自然淘汰の中では、よりアドバンテージのある能力を身につけた動物が子孫をより多く残していく。そのため、他より劣った動物は淘汰されてしまい、役立たずの体や心の機能や能力は厳しい進化の過程を生き残れません。

つまり、私たちの心や体が持っている機能は、なんらかの形で私たちの祖先が自然淘汰を勝ち抜いていくために役立ったはずなのです。

だとすれば、自己肯定感の能力はどうやって、私たちの祖先が自然淘汰を生き残るのに役立ったのでしょうか?

この問いに関しては、これまでの心理学の研究で表れてきた仮説は、満足のいくものばかりではありません。

例えば、自己肯定感は私たちが目的を達成する力をサポートするという仮説。

自己肯定感があると、ポジティブで前向きな気持ちがみなぎって、目の前のやるべきことを達成する力につながる。難しい状況や、やりたくない仕事でも、えいやっと、それらに立ち向かっていく力になる。

なるほど、この「目標達成理論」、なんとなく直感的には正しく聞こえます。

しかし、第2章でも見たように、私たちの自己肯定は意外と厄介なものでした。

私たちの心は、脅威が訪れると、自分の現在の自己肯定感を維持しようとして、ディフェンス型の適応で現実をわい曲してしまう。

だから、やりたくない仕事を目の前にしたら、いろいろ言い訳をつけてやらないなんてことも珍しくはないわけです。

ということは、自己肯定感は目標達成を助けるというよりも、むしろ、邪魔になってさえしまうと考えられるのです。


それでは自己肯定感のアドバンテージは他に何がありうるのか?

以下のように考えた人たちもいます。

自己肯定感を感じていると、堂々と振る舞える。そのことで、社会生活の中で、周りよりも優位で支配的なポジションにつくことができる。

つまり、自己肯定感は社会的優位性につながる。これが、自己肯定感の「支配理論」（Dominance Theory）です。[109]

実際に、他の人たちからリーダーシップがあると感じられる人の方が、自己肯定感が高いなんてこともわかってきています。[110]

しかし、社会的優位性と自己肯定感になんらかのつながりがあるにしても、自己肯定感は人に好かれたり、受け入れられたりするような別の感覚ともつながっています。

そうした感覚は相手に対する優位性とは必ずしも関係がありません。

つまり、自己肯定感は、社会的優位性だけでは片づけられないはずなのです。

こうした自己肯定感のアドバンテージに関する理論の中でも、とってもユニークなのが、「恐怖抑制理論」（Terror Management Theory）です。

恐怖抑制理論は、自己肯定感を人間が常に感じてしまう死への恐怖を和らげるツールとして位置づけます。[111]

自己肯定感でいつかは迎える「死」への運命を忘れて、不安やうつなど心へのリスク要因を抑える働きがある。

この理論もユニークながら、ある種の説得力がありますが、自己肯定感が高い人でも死を恐れないとは限らないなど、いくつかの問題が指摘されてきました。[112]

ソシオメーター理論の自己肯定

目標達成でもなく、社会での優位性でもなく、死の恐怖の緩和でもなければ、自己肯定感は一体何の役に立つのでしょうか。

もう一つの答えを指し示すのが、「ソシオメーター理論」(Sociometer Theory)です。

ここでいう「ソシオメーター」の「ソシオ」(socio)は「社会」、「メーター」(meter)は文字通り「計り」のことを指し、「ソシオメーター」は、さしずめ「社会性のものさし」という意味合いになります。

そのソシオメーター理論によれば、**自己肯定感は自分が周りの人たちからどれだけ受け入れられていると感じているかのものさし**ということになります。

つまり、自分が周りからすごく受け入れられていると感じているならば自己肯定感が高く、逆に、自分が周りからあまり受け入れられていないと感じるならば自己肯定感が低いということです。


それでは、なぜそれが進化の過程でのアドバンテージになったのか？

それは人間やその祖先がグループを形成することで、自然淘汰を勝ち抜いてきたからです。

速さや強さなどを持たない人間やその祖先は、仲間たちと協力しなければ、周りの天敵にすぐにやられてしまいます。

そのため、群れを組んで仲間との複雑な関係をうまく保ちながら自然淘汰の荒波をかいくぐっていかなければなりませんでした。

体の大きさに見合わないほどに大きな脳や、相手の気持ちを考えたり、自分の気持ちを振り返ったりする能力が役立ったのはそのためです。

人間の脳の大きさはそうした社会性を可能にするためのものだとして、人間の脳を「社会脳」と呼んだりもします。

そうした社会性の必要性から、周りの仲間たちに受け入れてもらったり、好かれたり、助けてもらえるような行動をする力が進化的に優位だったのです。

ソシオメーター理論によると、自己肯定感は相手がどのように感じているかの自分なりの判断。

つまり、自己肯定感は周りとの調和をうまくとるための大切なツールとして人間の進化に一役買ったと考えられるのです。

そうなると、ソシオメーター理論によれば、**自己肯定感は自分自身にフォーカスした**

気持ちというよりも、むしろ、周りにフォーカスする気持ちだということになります。

自分の心だけを見つめるのはもちろん重要ですが、それだけでは求めるべき自己肯定感を育てるのは難しいのです。

利他的マインドで自己肯定感がUPする

では、どうしたら「ソシオメーター」の値を上げることができるのか？

言い換えれば、周りの人から「受け入れられている」とか、「好かれている」とか、感じることができるためにどうしたらよいのか？


これまでのポジティブ心理学の成果が明かした最も効果的な方法は、利他的なマインドを持つこと。

相手を利する優しい心を持ち親切な行動をとることで、「ソシオメーター」の値が上がり、自己肯定感につながるのです。

それではなぜ、他人を利するとソシオメーターが上がるのか？

まずもちろん、優しさは周りに受け入れられるための最重要ファクターだということは押さえておきましょう。

当たり前のようですが、この事実は、これまで科学的にも確認されてきました。例えば、世界各国の文化比較で、「優しくて相手を許容できること」がどこの文化圏でも、最も好かれる性格ファクターだと報告されています。[113]

また、有名だったり、権威の高い職についていたりなどステータスに頼った人気よりも、優しい性格による人気の方が長期的でよりよい人間関係につながることも明らかにされてきました。[114]

それから、実際に周りに好かれるかどうかを別にしても、人に思いやりを持ったり、優しい気持ちを持つことで、ソシオメーターが上がることがわかっています。

なぜなら、**周りに優しくすることで、周りが実際にどう思うかは別にしても、自分は主観的に周りがどう見ているかの心配をしなくて済むようになる**[115]からです。

もちろん、周りに好かれる方がいいでしょう。

しかし、この世知辛い世の中。周りに優しい気持ちを持って行動しても、必ず周りの人たちが自分を好いてくれるかどうかはわかりません。

それでも、心配は要りません。

ソシオメーター理論の重要な点は、自己肯定感は最終的には、実際に周りがどう思っているかではなくて、周りがどう思っているかを自分がどう感じるかだからです。

周りに優しい気持ちで思いやりを持ち、利他的なマインドで接することで、周りがどう見ているかという不安な気持ちが解消し、自分の気持ちの「ソシオメーター」が上がる。それによって、自己肯定感が上がる。

としての生存にも欠かせないものです。10年ほど前には数少なく、単に興味深い程度だった研究トピックが、今では、科学の一大ムーブメントとなって、私たちの人間観を変えようとしている。[117]

しかし一方で、現代の社会は競争や成果主義に溢れ、私たちの心は利己的利益の追求に焚きつけられています。

毎日の利己的マインドへの強い傾きの中で、私たちの心に備わる利他的マインドをアクティベートするのは簡単なことではありません。

そこでスタンフォードの思いやりセンターから読者の皆様に贈り物として、前述のエマ・セッパラ博士が考案した利他的マインドのトレーニング方法をご紹介しましょう。

それは私がこれまで[118]「スタンフォード式　思いやり瞑想」と呼んできたもので、近年日本でもポピュラーになりつつあるマインドフルネスのメディテーションの一つです。

「慈悲の瞑想」（Loving Kindness）として親しまれてきたメディテーションに基づいて、セッパラ博士が考案したものになります。
その「思いやり瞑想」を日本語訳にして音声化したものを、私のホームページ（http://tomohiroshi.com）で無料視聴できるようにしてあります。

「慈悲の瞑想」や、その他のマインドフルネスの方法は、長い歴史と習慣に基づくもので、最近では、心理学や脳科学などで科学的にもその効果が認められています。
リラクゼーションだけでなく、ストレス耐性を上げ、その他のポジティブな心の働きを促進することが明らかにされており、[119] 15分程度の短いメディテーションでも大きな効果を発揮することがわかってきました。[120]
「思いやり瞑想」も15分の音声エクササイズですので、毎日少しリラックスできる時間をとっていただき、自分の心に備わった利他的マインドを育てるのに役立てていただければ幸いです。

利他的マインドとハピネスの科学

うーん、メディテーションはちょっとハードルが高い。

そういう読者の方もご安心ください。私も以前はそう感じていました。

利他的なマインドで自己肯定感をアップさせる方法は他にもあります。


それは私が「親切リフレクション」と呼んできた方法[121]です。

私たちが幸福だと感じているとき、私たちの心や体で何が起きているのか。また、どういった行動や習慣が幸福感につながるのか。

私たちの「ハッピー」を科学する「ハピネスの科学」（Science of Happiness）の先駆け的研究者である、ソニア・リュボミアスキー博士が考案した利他的マインドのエクササイズです。

「親切リフレクション」で、実際に親切行動を体験し、それらを振り返ることで、私たちの心に備わっている利他的マインドをアクティベートすることができます。
さらに、その結果として、幸福感が上がり、ポジティブな気持ちになれることが、リュボミアスキー教授やその後のハピネス研究者の成果で明らかにされてきました。[122]
そしてもちろん、前述のように親切な行動をとり、利他的マインドを持つことで、自己肯定感がアップすることもわかっています。[123]
是非とも利他的マインドへの第一歩として試してみていただければと思います。

親切リフレクション

週に1日、「親切の日」を選びましょう。
「親切の日」が来たら、人のためになることを5つやりましょう。
そして、1日の最後に、それぞれの親切行動を日記にして振り返ります。

親切行動の選び方：人のためになる5つのことは、どんなに大きなことでも、小さなことてもかまいません。自分から意識して計画しなくても、後から振り返れば小さな親切だったことを含めてもかまいません。

親切行動の例：「前から来る人に道を譲る」「後の人のためにドアを開けた」「オフィスで落ちた書類を拾ってあげた」「募金した」「献血した」「家事を手伝った」など。

振り返り日記

5つの「親切行動」それぞれに、以下の質問の答えを書き出しましょう。

- どんな親切をしたのか？
- 誰のためになるのか？　なったのか？
- その行動を取って、どんな気持ちになったか？
- さらに相手のためになる行動はあるか？　あったか？

正直な気持ちで、じっくりと具体的に自分の気持ちを振り返ることが大切です。

数行のメモのような形で、したことと簡単な気持ちを書き留めるだけでも利他的マインドを意識するための効果が上がります。

親切な人の幸福感が抜群な心理学的理由

さて、利他的マインドで自己肯定感が上がり、さらに幸福感もアップすることについて、みなさんからしばしばいただく質問の一つが以下のようなものです。

利他的マインドで、ソシオメーターが上がり、自己肯定感が上がるのはソシオメーター理論に基づけば理解できる。

でも、なんで人に親切にすることで、自分が幸せになるのか。幸せになるのは親切にされた方のはずだ。

親切をすれば、自己満足的に自己肯定感が上がっても、それ以上に幸福感が上がるというのはどうもしっくりこない。

この問いに対する答えは、「自己決定理論」という心理学理論ですっきりと説明することができます。

自己決定理論は、20世紀末から盛んに研究され、今では主要な心理学理論の一つになりました。

メインとなるアイディアは、人間の「心の3大欲求」に基づいています。

自己決定理論によれば、人間の心は以下の3つを根本的に求めています。

- 関係性：人とのつながり
- 有能感：何かを「できた」「できる」という感覚
- 自律性：矯正ではなく、自分の意志にのっとってやっている感覚

これら「心の3大欲求」が満たされると、私たちの心が満たされる。

また、そうやって心が満たされるような事柄に対して私たちのモチベーションが上がる。[124]

これが自己決定理論の基本的な考え方です。

そうした視点から見てみると、優しい心から他人に親切な行動をとることは、「人間の3大欲求」を満たすのに素晴らしく適していることが見えてきます。

相手のために何かするのだから、もちろん相手との「関係性」の中でつながりを感じることができる。

それから、いずれにせよ何かをするわけだから「有能感」も感じることができる。相手を助けることができるということ自体も、有能感につながりうる。

そして、誰に言われてやるわけでもなく、自分のやさしい心から、自分の意思に基づいて、進んで親切な行動をすることで「自律性」も感じることができる。

つまり、**利他的なマインドで、人に親切な行動をとると、自己肯定感と幸福感が一気に上昇するのは、人間の持つ根本的な欲求を満たすことができるから**というわけです。

逆にいえば、人間の心は、自己肯定感や幸福感を求めて、利他的なマインドに向かうことができる力を兼ね備えているのです。

「思いやり瞑想」や「親切リフレクション」を使って、利他的マインドをアクティベートして、求めるべきポジティブな自己肯定感と幸福感を手にしてください！

感謝と自己肯定感の知られざる関係

人に優しい利他的なマインドとともに、自己肯定感をアップさせてくれるのが周りの人たちへの感謝の気持ちです。

そう聞いても「人に感謝することが自己肯定感につながるの？」と、つながりが想像しにくいかもしれません。

しかし、感謝の気持ちと私たちの健康の関係はとっても深い。

それゆえ、近年ポジティブ心理学でも感謝の気持ちは、最重要トピックの一つとして研究され、「感謝の科学」（Science of Gratitude）と呼ばれる人気研究分野になっています。

例えば、感謝の気持ちを持つことで、体の炎症が少なくなったり、睡眠が多くなり、疲労も少なくなる[125]など、様々ないい影響が確認されてきました。

また、心の面でも、うつ病や不安症のリスクを下げ[126]、幸福感やポジティブな気持ちを向上させる効果がある[127]ことも示されています。

そしてもちろん、**感謝の気持ちを持つことが自己肯定感のアップにつながる**こともわかってきました。

その根拠の一つとして、まずは、感謝の気持ちを持つことで、他人からの目線を気にする気持ちが弱まること[128]が挙げられます。それから、新しく人間関係を築こうという気持ちが増したり[129]、良い人間関係が長続きするようになる[130]。

つまり、**感謝の気持ちを持っていると他の人の目が気にならなくなり、人間関係が改善する**のです。

ソシオメーター理論によれば、自己肯定感は、他の人からどう見られているかのものさしだった。

だから、感謝の気持ちが、自己肯定感につながることも大いに納得できるわけです。

そして、実際に感謝の気持ちを持つことが自己肯定感をアップすることも直接確認されています。

他の人に感謝するということは、その相手が自分に何かしてくれたということ。

その相手が自分に対して何かしてあげようと思ってくれた。それだけの価値を見出してくれた。

つまり、相手に感謝するということは相手が見出してくれたであろう自分の価値を認識することでもあるのです。

だから、感謝の気持ちを持つことは、自分の価値を認識することにつながるのです。

感謝する力を身につける方法

しかし、感謝の気持ちを持つことは必ずしも簡単ではありません。

何かいいことが起きてハッピーな気持ちになったとしても、それが自分の日頃からの努力やいい行動のおかげだとしてしまうのもごもっとも。

それに、結局、人生はラッキーだったり、アンラッキーだったり、どう転んでも運命の成り行きでしかない。

そんなふうに感じてしまえば、感謝の気持ちをもちにくくなってしまいます。

それでは、どのようにして自分の心の中に感謝の気持ちを養っていけばいいのでしょうか。

まず、第2章で説明した「3つのいいこと」(Three Good Things)を簡単な日記に書き留める「最先端のハピネスの科学も太鼓判！　ＴＧＴジャーナル」（69ページ）は効果てき面です。

3つのいいことを意識して感謝の気持ちを高める心の習慣を身につけながら、第2章で解説した心の脅威への免疫もアップできるので、一挙両得のエクササイズです。

シンプルながら、これまでの科学研究から、効果は折り紙つきです。ぜひともお試しください。


「ＴＧＴジャーナル」はいわばポジティブ心理学の王道ですが、1カ月以上続けることでじっくりと効果が出始める方法で、長期戦が必要な方法もあります。

「すぐに効果を実感したい！」という読者の皆様により即効性のある方法をご紹介しておきましょう。

ここではそれをカリフォルニア州立大学バークレー校のポジティブ心理学の研究、普及を推進する「より良い人生センター」（Greater Good Center）発表のインストラクションに基づいてご紹介します。[131]

「ありがとうの手紙」デリバリー（Gratitude Letter and Visit）

相手を決める：友達、家族、教わった先生、世話になった上司や同僚など、自分の知り合いの中で、以下の条件に合う人を探しましょう。

- 自分が今現在でも感謝の気持ちを抱いている。
- 自分の方からこれまでに感謝の気持ちをしっかりと伝えられていない。
- まだ生きていて連絡がとれる。

手紙を書く：条件に合う人を選んだら、その人に向けて手紙を書きましょう。

- 直接話しかけるような気持ちで書きましょう。
- 文章の上手い下手は関係ありません。
- 「その人が自分に何をしたか」「なぜ自分が感謝しているのか」「どうやってその人

の行動が自分の人生に良い影響を与えたのか」をできるだけ具体的に書きましょう。

・あまり長くなりすぎないよう、1から2ページ程度で。

手紙のデリバリー：手紙が書けたら、できればその人に届けるようにしましょう。

・感謝の手紙を届けたいとは言わずに待ち合わせをしましょう。

・会った時に感謝をしていることを伝えましょう。

・できれば、書いてきた手紙を読み上げさせてもらいましょう。

・面会が終わったら手紙を渡しましょう。

・対面で会えなければ電話やオンラインミーティングでもＯＫ。

手紙を書くだけでも効果はありますが、ぜひ手紙のデリバリーもやってみてください。ハードルは高いですが、感謝の気持ちをアップする効果は非常に高く、デリバリーをすることで幸福感も大幅アップします。

また、手紙を書いて、デリバリーすることですぐに効果が出てきて、その効果の大きさは「ＴＧＴジャーナル」よりも格段に高いことがわかっています。[132]

ただ、その効果は1カ月ほどでなくなってくるようです。

だから、長期戦の「ＴＧＴジャーナル」と併用して長期と短期の感謝の力アップからの、自己肯定感アップを継続的に狙っていきましょう。

第6章

『自分のことが許せない。』

～マインドフルに自分をいたわるセルフコンパッションの科学

質問　仕事でうまくいかなかったときに、しっかりと次の成功につなげようと反省点を考えるようにしています。

具体的な改善策も見つかったりするのですが、やはり自分の至らなかった部分や、自分の能力の足りない部分ばかりが目についてしまいます。

周りの人はしっかりと自分の役割を果たしているのに、自分だけ足を引っ張ってしまっているような気持ちになって、自分のことが許せなくなってしまうことも。

そうなると、もうネガティブ思考まっしぐらです。

自分に厳しすぎないように、それでいて建設的な改善点を見つけて成長していけるように、自分と向き合いたいです。

何かアドバイスいただけますでしょうか？

マインドフルネスを科学する

本書ではここまでポジティブ心理学の成果をたびたび紹介してきましたが、マインドフルネスもポジティブ心理学で幅広く研究されてきたトピックの一つです。メディテーションや呼吸法などを通して、マインドフルに自分の内面と正直に向き合うことで、心にいい影響が生まれてくる。

最近では、TVや雑誌などのメディアでもしばしば取り上げられ、リラクゼーションやストレスマネジメントの目的で、職場や学校などでも取り込むところが現れつつあります。

マインドフルネスのコンセプトには様々な定義が存在しますが、核となる考え方は、**自分の意識を今感じていることや考えていることに向けて、そうした感覚や考えをそのままオープンに受け入れること**です。[133]

マインドフルネスは、今意識にあることをくよくよと複雑にあれこれ考えるのでもなければ、感じたり考えているることを「いい」とか「悪い」とか決めつけることではありません。

そうではなくて、素直な自分の気持ちや考えを感じ取って受け入れる心の営み、また、そうした心の営みを引き出すための瞑想法や呼吸法などを、まとめて「マインドフルネス」と呼びます。

例えば、前章でとりあげた「スタンフォードの思いやり瞑想」もマインドフルネスの一種です。

近年、マインドフルネスがもたらす心へのいい影響は様々な形で、科学的に研究されてきました。[134]
そうしたいい効果は、マインドフルネスが以下のような心の働きを促進させるからだと考えられています。[135]

・**心を見つめる**：今周りで起きていることや、心の中で起きていること。感情、体験、思考の全てをありのままに観察する力。

・**表現する**：自分の感情や考えを特定して、言葉やイメージにして表現する力。

・**そのまま受け入れる**：「いい」「悪い」「優れている」「ダメだ」などと自分をジャッジするのではなく、オープンな気持ちでそのままの心の状態を受け入れる力。

・**今に集中する**：現在の瞬間の気持ちや考えに集中して、過去や未来についての思いに気が散らないように感じる力。

・**動じない**：感じたことや考えたことを無理に抑え込もうとしたり、ついつい気を奪われてしまわず、平静な心で素直に自分と向き合う力。

マインドフルネスの習慣を身につけて、これらの5つの「マインドフルな心の力」を鍛えていきましょう。

マインドフルは頭も良くする「心の良薬」

マインドフルな心の力を鍛えるとどんな良いことがあるのか？

まず、マインドフルな力で、**周りの変化や自分の心の課題にフレキシブルに対応できるので、心が安定しやすくなり、感情を上手にコントロールすることができます。**[136]

また、ポジティブな気持ちが維持しやすく、人生の意義や幸福感もアップする[137]など、様々な心理的効果が確認されてきています。

それから、心の問題や精神疾患などへの改善や予防にも効果があることが知られています。

そのため、精神医療での応用が進んでおり、着実な成果が上がっています。

例えば、最近では、マインドフルネスを使った認知セラピー[138]が、うつ病や統合失調症などの治療に応用されています。

さらに、ストレスを軽減させたり、ストレスに対する免疫を上げたりする効果も大注目です。[139]

それだけではありません。マインドフルネスは頭の回転まで速くする！

集中力がアップ[140]して、高度に神経を研ぎ澄ませなくてはいけないような仕事に対するパフォーマンスも上がる。[141]

つまり、**マインドフルネスは、心に良い影響を与えるだけでなく、頭も良くなる良薬なのです。**

さらに、最新の脳科学研究では、マインドフルネスのもたらす良い効果だけではなく、そうした効果のメカニズムも少しずつ解明されつつあります。

例えば、脳の「扁桃体」は、恐怖や強い感情を感じたときに反応する部分ですが、マインドフルネスのエクササイズをすると、扁桃体の活動が抑制でき、気持ちが落ち着く効果があることがわかっています。[142]

さらに、マインドフルネスによって、学びや記憶を司る「海馬」が活性化され、灰白質の濃度が上がったり、[143]前頭葉の活性化や成長が促されたりすることまで明らかにされています。[144]

そしてもちろん、マインドフルネスは、自己肯定感にも効き目抜群です。[145]

第1章で解説したように（33ページ「自己受容はポジティブのスイッチ」）求めるべき自己肯定は「自己受容」。つまり、現在の自分のことを受け入れることです。

私たちの心のもっているディフェンス型の適応（第2章49ページ「ディフェンス型の心の適応力にご用心」）や、マイナス思考の傾向（第3章94ページ「事実をひん曲げる心の小悪魔たち」）が働き始める前に、自分のありのままを見つめるために、自分の気持ちや考えを「動じず」に「そのまま受け入れる」マインドフルな心の力が、必要なのです。

レーズンを味わってマインドフルネスな自分に

さて、それではどのようにしてマインドフルネスな心の力を身につけることができるのでしょうか。

マインドフルネスは聞いたことがあるが、瞑想とか、呼吸法とか、ハードルが高い。そんな読者の方々にも手軽で効果抜群の「レーズン瞑想」をご紹介しましょう。

レーズンを味わう体験からマインドフルネスに自分と向き合うシンプルな瞑想なので、初心者にも簡単な瞑想法、マインドフルネス習慣の代表格として大変人気です。

最近のマインドフルネス研究では、短時間のマインドフルネス体験でも効果が確認されてきていますが[146]、実際、このレーズン瞑想も5分でできる短いものなのに、心理療法のストレス軽減プログラムなどに組み込まれて、成果を上げています。[147]

ここでは前述のカリフォルニア大学バークレー校「良い人生センター」発表のインストラクションをもとに「レーズン瞑想」を詳しくご紹介します。[148]

マインドフルネス習慣のはじめの一歩をぜひお試しください！

レーズン瞑想

1日5分、少なくとも1週間続けてみてください。何度もやることで、心の習慣にできるとさらにマインドフルネスの効果が上がります。

始めるにあたり、レーズンを一粒用意してください。そして、静かな場所に楽な姿勢で座りましょう。

それから以下のインストラクションに従ってレーズンを味わいながら、食感、味や香りなど、自分のありのままの体験に意識を集中させてください。

余計な考えや迷いは捨てて、目の前にあるレーズンを自分の五感を使ってそのままに体感することが目的です。

・手に取る：レーズンを掌にのせるか、指の間につまむかして手に取ってください。

・**観察する**：まずは注意深く、手に取ったレーズンを見つめましょう。他の星からやってきた異星人が初めてレーズンを見るような気持ちで、隅々まで細かく見つめてください。光の当たっているところ、凹みが影になっているところ、シワや全体の形など、くまなく観察していきましょう。

・**感触を楽しむ**：手につまんだレーズンの感触を味わってください。少し押してみたり、指先で撫でてみたり。目を瞑って指先の感触だけに集中してみてもいいでしょう。

・**嗅いでみる**：鼻の近くに持ってきて、香りを味わいましょう。息を吸い込んで香りを感じたときに、自分の口やお腹の反応を感じ取りましょう。

・**口の中で感じる**：口もとにレーズンをゆっくりと持っていきましょう。そうするときの自分の手や腕の感覚を感じながら、レーズンを口の中に入れましょう。まずは噛まずに舌の上で、レーズンを転がした感覚を味わいましょう。

・**噛んで味わう**：レーズンを噛んでみます。口の中でレーズンの今ある位置を感じながら、噛み締める位置まで移動します。そしてまずは一、二回噛んでみて味の波がどのように訪れるかを感じます。その後に数回噛んで味や食感がどのように変化するかを感じましょう。

- **飲み込む**：そろそろ飲み込もうと感じた時、いったん、自分のその意図に気持ちを向けてみましょう。自分の意図を確認してからレーズンを飲み込んでください。
- **振り返り**：レーズンが口からなくなってから、自分の口や胃、体全体がどう感じているかに意識を向けましょう。

マインドフルネスな子どもの育て方

さて、こうしたマインドフルネスのいい効果は、大人だけのものではありません。子どもたちにとっても同様にいい効果があります。

集中力だけでなく、認知能力の発達を促進し、[149] 感情や社会性の成長もサポート。[150]

実際に、これまでにマインドフルネスをベースにした教育サポートプログラムが導入されて、期待通りの良い結果を残してきています。

そうはいっても、ちょっとすぐには、しっくりこない。

大人であれば、インストラクションに従って、自分の心を振り返るエクササイズをするのはなんとか可能かもしれない。しかし、大人でもハードルが高いのに、それをどうやって子どもに指導すればよいのか？

そんな自然な質問に対して、「マインドフル・スクールズ」（Mindful Schools）からのアドバイスをご紹介しましょう。

マインドフル・スクールズは、アメリカのカリフォルニア州で活動している非営利団体で、学校教育へのマインドフルネスの普及をミッションに掲げています。

これまでに6万人以上の教育者をトレーニング、子どもの健康をサポートしてきました。[151]

以下が、マインドフル・スクールズの示した、マインドフルネスの習慣がつくように子どもをサポートするときの5つのヒントです。[152]

- **目的を明確に**：マインドフルネスの定義や前述の5つの「マインドフルな心の力」（167ページ）などを説明し、マインドフルネスの効果や目的を明確にしてあげましょう。
- **まずは自分から**：子どもだけに強いるのではなく、自分でも実践することが大切です。子どもに対する説明により説得力が持て、また自分が体験することでサポートもしやすくなります。
- **時間を決めて習慣化**：時間を決めて生活のリズムに組み込んでいくことで、習慣化しやすくしていきましょう。
- **場作りも忘れず**：周りを片づけたりして、マインドフルネスをするときだけのスペシャルな環境を整えましょう。特別な場で、子どもの心にマインドフルネスのスイッチを入れましょう。

•体験をシェア：マインドフルネスのエクササイズが終わったときに、子どもがどう感じたかを聞きましょう。自分がやったときにどう感じたかも話してあげましょう。

子どもとやってみるマインドフルネスのエクササイズは、本書で紹介してきた「思いやり瞑想」や「レーズン瞑想」など、なんでも構いませんが、はじめはハードルの低いものから選んでいくのが良いでしょう。

自分がやってみて、入りやすいと思われるものからで構いません。

マインドフル・スクールズの進める下記のような非常にシンプルなものもあるので、特に子どものマインドフルネスのサポートを始めるときには参考にしてみてください。

子どもとできる簡単マインドフル・リスニング

「チーン」などと長めに音がなるベルか音叉などを用意しましょう。

以下の要領でマインドフル・リスニングと深呼吸を行います。毎日1、2分を続けていきましょう。

- まずは初めの儀式です。以下のセリフで始めてください。「はい、マインドフルネスな体の準備をしましょう。静かに、座って、目を閉じましょう」
- 次のセリフを続ける。「今から聞く音に意識を集中しましょう。音が完全になくなるまで、集中して聞きましょう。音が完全に消えたら手をあげましょう」
- ベルなどの道具で、音を鳴らします。
- 子どもの手が上がったら、深呼吸にうつります。「それでは、マインドフルネスに意識してゆっくりと手をお腹か胸に当てましょう。自分の呼吸を感じてください」
- 子どもが呼吸に集中できるように声をかけましょう。ゆっくりと、「吸って、吐いて」と数回繰り返しましょう。
- 終わりにもう一度ベルを鳴らして終了です。

ついつい自分にきつく当たるように脳はプログラムされている

さて、マインドフルネスでもっとも鍵になってくるのが、自分の気持ちをそのままに受け入れること。

現在の感覚に注意をして、気持ちを特定して、それに動じずに、素直な気持ちで自分と向き合う。

そうやって自分を受け入れるのは、ポジティブな気持ちでいるときは簡単かもしれません。

しかし、そうでないときにはついついクヨクヨ考えてしまったり、必要以上にネガティブ思考が入り込んできてしまうもの。

冒頭の質問のように、自分の失敗などを振り返るときについつい自分にきつく当たったりもしてしまうかもしれません。

そして、そうなるのも当たり前。なぜなら私たちの脳がそのようにプログラムされてしまっているのです。

第1章で解説したように、ネガティビティー・バイアスは（30ページ、「ネガティブ思考の進化論」）人類が進化の過程で獲得した失敗を繰り返さないための大事な能力です。また、第3章では、私たちの心に住むネガティブ思考の「悪魔」について説明しました（94ページ、「事実をひん曲げる心の小悪魔たち」）。ついつい自分の落ち度や責任を拡大解釈してしまうのは、我々の心のメカニズムの一部なのです。

さらに、私たちの住む現代の社会は、自分にきつく当たる心の働きをさらに増幅するような傾きに満ちているのです。

「自分に甘くてはいけない」「成長するためには、自分に厳しくすべき」などと、日々の競争の中で周りから一歩前に抜け出るために、日々の生活から自分を批判的に反省することをすでに幼い頃から奨励されていく。

逆に、「自分に甘くするのは心の弱さの表れだ」とか、「自分に優しくすると自己満足や自分勝手につながる」など、自分を労《いた》わる心の働きに対して、厳しい目線が向けられるのもしばしばです。

自分をうまく労わると免疫力が上がる

「自分に厳しくするべきだ」という視点は、自分をより良い方向に進めるためのモチベーションを鼓舞するのに、一定の効果をもたらすかもしれません。

しかし、**自分に厳しくしすぎてばかりいると、うつや不安症のリスクが上がったり、逆にモチベーションが下がってしまうことにつながってしまいます。**

実際、自己批判が私たちの心の安定を揺らがせることはこれまでの心理学でも分厚くエビデンスが積み重ねられています。[153]

やはり何事もバランス。度がすぎてしまってはいけません。

すでに私たちの心にネガティビティー・バイアスが組み込まれており、さらに現代社会がその傾きを増幅しているのならば、それが行きすぎないように意識して心のバランスを保つことが必要です。

そこで、「セルフ・コンパッション」(Self-Compassion)が鍵になります。「セルフ・コンパッション」とは、文字通り「セルフ」、つまり、「自分」に、「コンパッション」、すなわち「思いやり」を向けること。シンプルにいえば、自分を労わる心の力のことです。

このコンセプトは、最近のポジティブ心理学やマインドフルネスで注目度ナンバー1のコンセプトといっても過言ではありません。[154]

近年のセルフ・コンパッション研究によって自分を上手に労わることが私たちの心と体に良い影響を与えることが明らかにされてきました。

例えば、精神疾患一般に高い効果が見られる[155]ため、セルフ・コンパッションがアップするトレーニングが続々と心理療法の中に取り込まれてきています。

その他にも、モチベーションが上がったり、[156] 幸福感が上がったり、[157] 忍耐力が上がったりと、[158] 私たちの心に良いことずくめです。

さらに、免疫力がアップしたり、私たちの体に現れる生理学的な効果も関連づけられています。[159]

セルフ・コンパッションの3つの法則

セルフ・コンパッション研究の先駆けであるテキサス大学オースティン校のクリスティン・ネフ准教授によると「自分を労わる力」には3つの基本要素があります。

まず一つ目が自分に優しくすること（self-kindness）。

失敗したり、悲しいことがあったときに、さらに自分に良し悪しの評価の目を向けて、批判的になってはいけません。

他の人が困っているときに優しく労わるような気持ちで、自分のことを積極的に癒そうとする心の力を働かせることが重要です。

2つ目の基本要素は、人間誰でも不完全だと認識すること。

人間は有限的な存在で、自分の力でできることには限りがあります。

自分ではコントロールできないことが常に周りに存在し、その中でうまくやっていく努力をする。

どんなに成功しているように見える人たちでも、もちろん失敗はつきものなのです。

失敗や思うようにいかないことが起きるのは、私たちが人間らしく人間としての本質を生きているからだということを再認識する必要があります。


そして、3つ目の要素が、マインドフルネスです。自分の今感じていることや考えていることをオープンな気持ちでそのまま受け入れる力。

自分に評価の目を向けるのではなく、ありのままを受け入れる。

自分のありのままを受け入れるということは、必要以上に自分を過保護に擁護したり、ナルシストになるということではありません。

ありのままの傷ついた自分を受け入れて、優しく癒してあげることがセルフ・コンパッションの力の源なのです。

自分労わりブレイク

それではどうしたら、自分に批判的な気持ちを切り替えて、セルフ・コンパッションの力を手に入れることができるのか。

前述のネフ准教授が考案したエクササイズ**「自分労わりブレイク」**が、お手軽で効果的です。

これは5分程度でできる簡単なエクササイズで、その名の通り、「ブレイク」、つまり、「休憩」がてらリラックスした環境で行います。

前述のセルフ・コンパッションの3要素を思い出しながら、ホッと一息ついたときに自分を労わる気持ちを呼び起こしてみましょう。

私のホームページ（tomohirohoshi.com）より、無料の音声ガイダンスに従って、「自分労わりブレイク」瞑想を体験することができます。

何か辛いことがあったときも有効ですが、毎日のマインドフルネスの習慣に取り込んでいくのがお勧めです。

最初は少し違和感があっても、オープンな気持ちで、すぐにあきらめずに続けてみましょう。自分の心の変化が見えてきます。

そのあとはマインドフルネスの習慣として自分の生活の一部にしてください。

科学は嘘をつきません。まずはやってみることです。

おわりに

最後まで本書を読んでいただきありがとうございます。

楽しんでいただけましたでしょうか。

求めるべき自己肯定感からスタートして、スタンフォードの自己肯定理論、心のディスタンシングに、認知行動のＡＢＣＤＥモデル。自分の心とうまく向き合う方法を紐解きました。

それから、自分の心の外側へ。最新科学の視点から、運動や食事などの生活スタイルを考えながら、心と体の関係を見つめる方法を考えました。

さらに、自己肯定感は自分の心や体だけに完結しない。他者への気持ちが自己肯定感の秘訣。ソシオメーター理論から、利他的マインドや感謝の力と、他者への向き合い方と自己肯定感について探求しました。

最後に、マインドフルネスの科学。セルフ・コンパッションで自分の心と優しく向き合うメソッドを学びました。


他者とあること。自分の心。

周りと向き合い、交わる。

自分の心とうまく向き合う。


教育は本質的に社会的で、他者を必要とするものです。

そしてそれは、学びの本質でもあります。

学ぶべき対象である「他者」に出会い、その異なるものをきっかけに、自分を変容させること。それが、学ぶこと。

他者とあること。自分の心。

これらのテーマが、学ぶことの本質であるからこそ、私の教育活動の主柱として、研究と実践に勤しんできました。

そうした私の理念に託していただき、最初から最後まで、気長に、そして、寛容に本書の企画を提案、サポートしてくださった江口さんをはじめとする朝日新聞出版関係各位、並びに、長倉さんやそのチームの皆様に感謝の意を示したい。

他者とあること。自分の心。

本書が少しでも読者の皆様のお役に立つことを祈っております。

スタンフォードより

窓越しに見える青空の向こうへ

参照文献・論文リスト

1. Schmitt DP and Allik J (2005) Simultaneous Administration of the Rosenberg Self-Esteem Scale in 53 Nations:Exploring the Universal and Culture-Specific Features of Global Self-Esteem. *Journal of Personality and Social Psychology,* 89:623-642.
2. Rosenberg M (1965) *Society and the Adolescent Self-Image.* Princeton University Press:Princeton.
3. Mimura C and Griffiths P (2007) A Japanese Version of the Rosenberg Self-Esteem Scale: Translation and equivalence assessment. *Journal of Psychosomatic Research,* 62 (5) :589-594.
4. Tafarodi RW and Milne AB (2002) Decomposing Global Self-Esteem. *Journal of Personality,* 70:443-484.
5. Kasser T and Ryan RM (1993) A Dark Side of the American Dream:Correlates of financial success as a central life aspiration. *Journal of Personality and Social Psychology,* 65 (2) :410-422.
6. Kasser T and Ryan RM (1996) Further Examining the American Dream: Differential correlates of intrinsic and extrinsic goals. *Personality and Social Psychology Bulletin,* 22 (3) :280-287.
7. Williams GC, Cox EM, Hedberg V and Deci EL (2000). Extrinsic Life Goals and Health Risk Behaviors in Adolescents. *Journal of Applied Social Psychology,* 30:1756-1771.
8. Kasser T and Ryan RM (2001). Be Careful What You Wish For:Optimal functioning and the relative attainment of intrinsic and extrinsic goals. In Schmuck P and Sheldon KM (Eds.), *Life Goals and Well-Being: Towards a positive psychology of human striving,* Hogrefe & Huber Publishers.
9. Brackett MA (2019) *Permission to Feel: Unlocking the power of emotions to help our kids, ourselves, and our society thrive,* Celadon Books:New York.
10. Chapman BP, Fiscella K, Kawachi I, Duberstein P and Muennig P (2013) Emotion Suppression and Mortality

Risk Over a 12–Year Follow–Up. *Journal of Psychosomatic Research,* 75 (4) :381–385.

11. Ito T, Larsen J, Smith K and Cacioppo J (1998) Negative Information Weighs More Heavily on the Brain. *Journal of Personality and Social Psychology,* 75:887–900.

12. Morgado FFdR, Campana ANNB and Tavares MdCGCF (2014) Development and Validation of the Self–Acceptance Scale for Persons with Early Blindness: The SAS–EB. *PLoS ONE,* 9 (9) e106848.

13. Vasile C (2013) An Evaluation of Self–Acceptance in Adults. *Procedia–Social and Behavioral Sciences,* 78:605–609.

14. Rogers C (1995) *On Becoming a Person: A therapist's view of psychotherapy.* Houghton Mifflin Company: USA.

15. Rodriguez MA, Xu W, Wang X and Liu X (2015) Self–Acceptance Mediates the Relationship between Mindfulness and Perceived Stress. *Psychological Reports,* 116 (2) :513–22.

16. Paloş R and Loredana V (2014) Anxiety, Automatic Negative Thoughts, and Unconditional Self–Acceptance in Rheumatoid Arthritis: A preliminary study. *ISRN rheumatology,* 2014:317259.

17. American Psychiatric Association (2013) Diagnostic and Statistical Manual of Mental Disorders (5th ed.). American Psychiatric Publishing: Washington, DC.

18. Baumeister RF, Campbell JD, Krueger JI and Vohs K (2003) Does High Self–Esteem Cause Better Performance, Interpersonal Success, Happiness, or Healthier Lifestyles? *Psychological Science in the Public Interest,* 4:1–44.

19. Jordan CH, Zeigler–Hill V and Cameron JJ (2017) Self–Esteem. In Zeigler–Hill V and Shackelford T (Eds.) *Encyclopedia of Personality and Individual Differences.* Springer: Cham.

20. Brummelman E, *et al.* (2016) Separating Narcissism From Self–Esteem. *Current Directions in Psychological Science,* 25:1:8–13.

21. Campbell WK, Rudich EA and Sedikides C (2002) Narcissism, Self–Esteem, and the Positivity of Self–Views: Two

portraits of self-love. *Personality and Social Psychology Bulletin,* 28:358–368.

22. Bleidorn W, Hufer A, Kandler C, Hopwood CJ and Riemann R (2018) A Nuclear Twin Family Study of Self-Esteem. *European Journal of Personality,* 32 (3) :221–232.
23. Steele CM (1988) The Psychology of Self-Affirmation: Sustaining the integrity of the self. In Berkowitz L (Ed.), *Advances in Experimental Social Psychology* (21:261–302), Academic Press:New York.
24. Sherman K and Cohen GL (2006) The Psychology of Self-Defense: Self-affirmation theory. In Zanna MP (Ed.), *Advances in Experimental Social Psychology* (38:183–242), Elsevier Academic Press:USA.
25. Taylor SE and Brown JD (1988) Illusion and Well-Being: A social psychological perspective on mental health. *Psychological Bulletin,* 103:193–210.
26. Murray SL, Holmes JG, MacDonald G and Ellsworth P (1998) Through the Looking Glass Darkly? When Self-Doubts Turn into Relationship Insecurities. *Journal of Personality and Social Psychology,* 75:1459–1480.
27. Crocker J and Wolfe CT (2001) Contingencies of Self-Worth. *Psychological Review,* 108:593–623.
28. Liberman A and Chaiken S (1992) Defensive Processing of Personally Relevant Health Messages. *Personality and Social Psychology Bulletin,* 18:669–679.
29. Sherman DAK, Nelson LD and Steele CM (2000) Do Messages about Health Risks Threaten the Self? Increasing the Acceptance of Threatening Health Messages via Self-Affirmation. *Personality and Social Psychology Bulletin,* 26:1046–1058.
30. Harris PR and Napper L (2005) Self-Affirmation and the Biased Processing of Threatening Health-Risk Information. *Personality and Social Psychology Bulletin,* 31:1250–1263.
31. Matz DC and Wood W (2005) Cognitive Dissonance in Groups: The consequences of disagreement. *Journal of*

Personality and Social Psychology, 88:22–37.

32. Koole SL, Smeets K, van Knippenberg A and Dijksterhuis A (1999) The Cessation of Rumination through Self-Affirmation. *Journal of Personality and Social Psychology,* 77:111–125.

33. Blanton H, Cooper J, Skurnik I and Aronson J (1997) When Bad Things Happen to Good Feedback: Exacerbating the need for self-justification with self-affirmations. *Personality and Social Psychology Bulletin,* 23:684–692.

34. Nisbett RE and Ross LD (1980) *Human Inference: Strategies and shortcomings of social judgment.* Prentice Hall: USA

35. Creswell JD, Welch W, Taylor SE, Sherman DK, Gruenewald T and Mann T (2005) Affirmation of Personal Values Buffers Neuroendocrine and Psychological Stress Responses. *Psychological Science,* 16:846–851.

36. Keough KA (1998) *When the Self Is at Stake: Integrating the self into stress and physical health research* (Doctoral dissertation, Stanford University, 1998). *Dissertation Abstracts International,* 58:3959.

37. Weinstein ND and Klein WM (1995) Resistance of Personal Risk Perceptions to Debiasing Interventions. *Health Psychology,* 14 (2) :132–140.

38. Pennebaker JW (1997) Writing about Emotional Experiences as a Therapeutic Process. *Psychological Science,* 8:162–166.

39. Lieberman MD, Eisenberger NI, Crockett MJ, Tom SM, Pfeifer JH and Way BM (2007) Putting Feelings into Words. *Psychological Science,* 18 (5) : 421–428.

40. Schroder HS, Moran TP and Moser JS (2018) The Effect of Expressive Writing on the Error-Related Negativity among Individuals with Chronic Worry. *Psychophysiology,* 55:e12990.

41. Scullin MK, Krueger ML, Ballard HK, Pruett N and Bliwise DL (2018) The Effects of Bedtime Writing on

Difficulty Falling Asleep: A polysomnographic study comparing to–do lists and completed activity lists. *Journal of Experimental Psychology: General,* 147 (1) :139–146.

42. Seligman MEP, Steen TA, Park N and Peterson C (2005) Positive Psychology Progress: Empirical validation of interventions. *American Psychologist,* 60 (5) :410–421.

43. Gore S and Mangione TW (1983) Social Roles, Sex Role, and Psychological Distress: Additive and interactive models of sex differences. *Journal of Health and Social Behavior,* 24:300–312.

44. Morin A and Everett J (1990) Inner Speech as a Mediator of Self–Awareness, Self–Consciousness, and Self–Knowledge: An hypothesis. *New Ideas in Psychology,* 8:337–356.

45. Alderson–Day B and Charles F (2015) Inner Speech:Development, Cognitive Functions, Phenomenology, and Neurobiology. *Psychological Bulletin,* 141 (5) :931–65.

46. Vygotsky LS (1934/1987). *Thinking and Speech.* The Collected Works of Lev Vygotsky (Vol. 1). Plenum Press:New York.

47. D'Argembeau A, Renaud O and Van Der Linden M (2011) Frequency, Characteristics and Functions of Future–Oriented Thoughts in Daily Life. *Applied Cognitive Psychology,* 25 (1) :96–103.

48. Chella A and Pipitone A (2019) A Cognitive Architecture for Inner Speech. *Cognitive Systems Research,* 59:10.1016/j.cogsys.2019.09.010.

49. Nelson Cowan (2008) What are the Differences between Long–Term, Short–Term, and Working Memory? *Progress in Brain Research,* 169:323–338.

50. Nolen–Hoeksema S, Wisco BE and Lyubomirsky S (2008) Rethinking Rumination. *Perspectives on Psychological Science,* 3:400–24.

51. Nolen-Hoeksema S and Watkins ER (2011) A Heuristic for Developing Transdiagnostic Models of Psychopathology: Explaining multifinality and divergent trajectories. *Perspectives on Psychological Science,* 6:589–609.

52. Nolen-Hoeksema S, Stice E, Wade E and Bohon C (2007) Reciprocal Relations between Rumination and Bulimic, Substance Abuse, and Depressive Symptoms in Female Adolescents. *Journal of Abnormal Psychology,* 116:198–207.

53. Lyubomirsky S, Layous K, Chancellor J and Nelson SK (2015) Thinking About Rumination: The scholarly contributions and intellectual legacy of Susan Nolen-Hoeksema. *Annual Review of Clinical Psychology,* 11 (1) :1–22.

54. Rimé B (2009) Emotion Elicits the Social Sharing of Emotion: Theory and empirical review. *Emotion Review,* 1 (1) :60–85.

55. Singh-Manoux A and Finkenauer C (2001) Cultural Variations in Social Sharing of Emotions. *Journal of Cross-Cultural Psychology,* 32:647–661.

56. Salamone JD and Correa M (2012) The Mysterious Motivational Functions of Mesolimbic Dopamine. *Neuron,* 76 (3) :470–85.

57. Nolen-Hoeksema S and Davis CG (1999) "Thanks for Sharing That": Ruminators and their social support networks. *Journal of Personality and Social Psychology,* 77:801–814.

58. https://www.youtube.com/watch?v=wz-Wo6kUlc8

59. Kross E and Ayduk O (2017) Chapter Two-Self-Distancing: Theory, research, and current directions, in Olson JM (Ed.) *Advances in Experimental Social Psychology* (55:81–136), Elsevier Science Publishing:USA.

60. Ranney R, Bruehlman-Senecal E and Ayduk O (2017) A Brief Online Intervention Comparing the Efficacy of Teaching Specific Reappraisal Strategies. *Journal of Happiness Studies,* 18:1319–1338.
61. Kross E (2021) *Chatter: The voice in our head, why it matters, and how to harness it.* Crown:New York.
62. Hofmann SG, *et al.* (2012) The Efficacy of Cognitive Behavioral Therapy: A review of meta-analyses. *Cognitive therapy and research,* 36 (5) :427–440.
63. Sælid GA and Nordahl HM (2017) Rational Emotive Behaviour Therapy in High Schools to Educate in Mental Health and Empower Youth Health. A Randomized Controlled Study of a Brief Intervention. *Cognitive Behaviour Therapy,* 46 (3) :196–210.
64. Burns DD (1999) Feeling Good: The new mood therapy. Avon Books:New York.
65. Office of Disease Prevention and Health Promotion (2018) Physical Activity Guidelines Advisory Committee Scientific Report. https://health.gov/sites/default/files/2019-09/PAG_Advisory_Committee_Report.pdf.
66. Lee IM, Shiroma EJ, Lobelo F, Puska P, Blair SN, Katzmarzyk PT and Lancet Physical Activity Series Working Group (2012) Effects of Physical Inactivity on Major Non-Communicable Diseases Worldwide: An analysis of burden of disease and life expectancy. *Lancet,* 380 (9838) :219–229.
67. Schuch FP, *et al.* (2018) Physical Activity and Incident Depression: A meta-analysis of prospective cohort studies. *American Journal of Psychiatry,* 175 (7) : 631–648.
68. National Institute of Mental Health (2019) Major Depression: Prevalence of major depressive episode among adults. https://www.nimh.nih.gov/health/statistics/major-depression.shtml#part_155029
69. Thompson WR, Sallis R, Joy E, Jaworski CA, Stuhr RM and Trilk JL (2020) Exercise Is Medicine. *American Journal of Lifestyle Medicine,* 14 (5) : 511–523.

70. Kleemann E, *et al.* (2020) Exercise Prescription for People with Mental Illness: An evaluation of mental health professionals' knowledge, beliefs, barriers, and behaviors. *Revista Brasileira de Psiquiatria,* 42 (3) :271–277.
71. Weinberg RS and Gould D (2015) *Foundations of Sport and Exercise Psychology,* 6th Edition. Human Kinetics: USA.
72. Cabral DA, da Costa KG, Okano AH, Elsangedy HM, Rachetti VP and Fontes EB (2017) Improving Cerebral Oxygenation, Cognition and Autonomic Nervous System Control of a Chronic Alcohol Abuser through a Three-Month Running Program. *Addictive Behavior Reports,* 6:83–89.
73. Berger B and Motl R(2001)Physical Activity and Quality of Life, in Singer RN, Hausenblas HA, and Janelle C(ed.) , *Handbook of Sport Psychology* (636–670) , Wiley: New York.
74. Biddle SJH, Atkin AJ, Cavill N and Foster C (2011) Correlates of Physical Activity in Youth: A review of quantitative systematic reviews. *International Review of Sport and Exercise Psychology,* 4:25–49.
75. Stessman J, Hammerman–Rozenberg R, Cohen A, Ein–Mor E and Jacobs JM (2009) Physical Activity, Function, and Longevity among the Very Old. *Archives of Internal Medicine,* 169:1476–1483.
76. Chieffi S, *et al.* (2017) Neuroprotective Effects of Physical Activity: Evidence from human and animal studies. *Frontiers in Neurology,* 8:188.
77. Donnelly JE, *et al.* (2016) Physical Activity, Fitness, Cognitive Function, and Academic Achievement in Children. *Medicine and Science in Sport and Exercise,* 48:1197–1222.
78. Hollamby A, Davelaar EJ and Cadar D (2017) Increased Physical Fitness is Associated with Higher Executive Functioning in People with Dementia. *Frontiers in Public Health,* 5:346.
79. Young SN (2007) How to Increase Serotonin in the Human Brain without Drugs. *Journal of Psychiatry and*

Neuroscience, 32:394–399.
80. Fuss J, *et al.* (2015) A Runner's High Depends on Cannabinoid Receptors in Mice. *PNAS,* 112:13105–13108.
81. Chaddock-Heyman L, *et al.* (2014) Aerobic Fitness is Associated with Greater White Matter Integrity in Children. *Frontiers in Human Neuroscience,* 8:584.
82. Coelho FG, de Gobbi S, Andreatto CAA, Corazza DI, Pedroso RV and Santos-Galduróz RF (2013) Physical Exercise Modulates Peripheral Levels of Brain-Derived Neurotrophic Factor (BDNF) : A systematic review of experimental studies in the elderly. *Archives of Gerontology and Geriatrics,* 56:10–15.
83. Fernandes J, Arida RM and Gomez-Pinilla F (2017) Physical Exercise as an Epigenetic Modulator of Brain Plasticity and Cognition. *Neuroscience and Biobehavioral Reviews,* 80:443–456.
84. Zamani Sani Z, *et al.* (2016) Physical Activity and Self-Esteem: Testing direct and indirect relationships associated with psychological and physical mechanisms. *Neuropsychiatric disease and treatment,* 12:2617–2625.
85. Fox K (2000) Self-Esteem, Self-Perceptions and Exercise. *International Journal of Sport Psychology,* 31:228–240.
86. Mandolesi L *et al.* (2018) Effects of Physical Exercise on Cognitive Functioning and Wellbeing: Biological and psychological benefits. *Frontiers in psychology,* 9:509.
87. Hartig T, *et al.* (2003) Tracking Restoration in Natural and Urban Field Settings. *Journal of Environmental Psychology,* 23:109–123.
88. Dettweiler U, Becker C, Auestad BH, Simon P and Kirsch P (2017) Stress in School. Some Empirical Hints on the Circadian Cortisol Rhythm of Children in Outdoor and Indoor Classes. *International Journal of Environnental Research on Public Health,* 14 (5) :475.
89. Ulrich RS (1984) View through a Window May Influence Recovery from Surgery. *Science,* 224:420–1.

90. Mitchell R and Popham F (2008) Effect of Exposure to Natural Environment on Health Inequalities: An observational population study. *Lancet,* 372 (9650) :1655–60.

91. Takano T, Nakamura K and Watanabe M (2002) Urban Residential Environments and Senior Citizens' Longevity in Megacity Areas: The importance of walkable green spaces. *Journal of Epidemiology and Community Health,* 56 (12) :913–8.

92. Bowler DE, *et al.* (2010) A Systematic Review of Evidence for the Added Benefits to Health of Exposure to Natural Environments. *BMC Public Health,* 10:456.

93. White MP, *et al.* (2019) Spending at Least 120 Minutes a Week in Nature is Associated with Good Health and Wellbeing. *Science Reports,* 9:7730.

94. Barton J and Pretty J (2010) What is the Best Dose of Nature and Green Exercise for Improving Mental Health? A Multi-Study Analysis. *Environmental Science & Technology,* 44:3947–55.

95. 同上

96. https://ggia.berkeley.edu/practice/savoring_walk

97. Bryant F and Veroff J (2007) *Savoring: A new model of positive experience.* Lawrence Erlbaum Associates:USA.

98. Baglioni C, *et al.* (2011) Insomnia as a Predictor of Depression:A meta-analytic evaluation of longitudinal epidemiological studies. *Journal of Affective Disorder,* 135:10–19.

99. Lemola S, *et al.* (2013) Optimism and Self-Esteem Are Related to Sleep. Results from a Large Community-Based Sample. *International Journal of Behavioral Medicine,* 20:567–571.

100. Yano JM, *et al.* (2015) Indigenous Bacteria from the Gut Microbiota Regulate Host Serotonin Biosynthesis. *Cell,* 161 (2) :264–276.

101. Clapp M, *et al.* (2017) Gut Microbiota's Effect on Mental Health: The gut-brain axis. *Clinics and Practice,* 7(4):987.

102. Simrén M, *et al.* (2013) Intestinal Microbiota in Functional Bowel Disorders: A Rome foundation report. *Gut,* 62(1):159–76.

103. Giau VV, Wu SY, Jamerlan A, An SSA, Kim SY and Hulme J (2018) Gut Microbiota and Their Neuroinflammatory Implications in Alzheimer's Disease. *Nutrients,* 10(11):1765.

104. Zheng P, *et al.* (2019) The Gut Microbiome from Patients with Schizophrenia Modulates the Glutamate-Glutamine-GABA Cycle and Schizophrenia-Relevant Behaviors in Mice. *Science Advances,* 5(2):eaau8317.

105. Galley JD, *et al.* (2014) Exposure to a Social Stressor Disrupts the Community Structure of the Colonic Mucosa-Associated Microbiota. *BMC Microbiol,* 14:189.

106. 以下プロバイオティクスとプレバイオティクスに関する記述は下記の著作より。Naidoo U(2020) *This Is Your Brain on Food: An indispensable guide to the surprising foods that fight depression, anxiety, PTSD, OCD,* ADHD and More, Little Brown Spark: New York.

107. Clapp M, *et al.* (2017) Gut Microbiota's Effect on Mental Health: The gut-brain axis. *Clinics and Practice,* 7(4):987.

108. 以下いい食べ物と悪い食べ物のリストは下記の著作をもとにする。Naidoo U (2020) *This Is Your Brain on Food: An indispensable guide to the surprising foods that fight depression, anxiety, PTSD, OCD, ADHD and More,* Little Brown Spark: New York.

109. Barkow JH (1980). Prestige and Self-Esteem: A biosocial interpretation. In Omark DR, Strayer F and Freedman DG (Ed.), *Dominance Relations: An ethological view of human conflict and social interaction* (319–332), Garland

STPM:New York.

110. Leary MR, Cottrell CA and Phillips M (2001) Deconfounding the Effects of Dominance and Social Acceptance on Self-Esteem. *Journal of Personality and Social Psychology,* 81:898-909.

111. Solomon S, Greenberg J and Pyszczynski T (1991) A Terror Management Theory of Social Behaviour: The psychological functions of self-esteem and cultural worldviews. In Zanna M (Ed.), *Advances in Experimental Social Psychology* (24:91-159). Academic Press:Orland.

112. Leary MR (2005) Sociometer Theory and the Pursuit of Relational Value:Getting to the root of self-esteem. *European Review of Social Psychology,* 16:75-111.

113. David Buss, *et al.* (1990) International Preferences in Selecting Mates:A Study of 37 Cultures. *Journal of cross-cultural psychology,* 21 (1) :5-47.

114. Prinstein MJ (2017) *Popular: The power of likability in a status-obsessed world.* Penguin:USA.

115. Trew JL and Alden LE (2015) Kindness Reduces Avoidance Goals in Socially Anxious Individuals. *Motivation and Emotion,* 39:892-907 (2015).

116. Fu X, Padilla-Walker LM and Brown MN (2017) Longitudinal Relations between Adolescents' Self-Esteem and Prosocial Behavior toward Strangers, Friends and Family. *Journal of Adolescence,* 57:90-98

117. 以下より著者訳。Compassionate Mind, Healthy Body,2013, Emma Seppala at https://greatergood.berkeley.edu/article/item/compassionate_mind_healthy_body

118. 『スタンフォード式　生き抜く力』(星友啓著、ダイヤモンド社)

119. Fredrickson BL, *et al.* (2008) Open Hearts Build Lives: Positive emotions, induced through loving-kindness meditation, build consequential personal resources. *Journal of personality and social psychology,* 95 (5) :1045-

1062.
120. Helen YW, *et al.* (2013) Compassion Training Alters Altruism and Neural Responses to Suffering. *Psychological Science,* 24 (7) :1171–1180.
121. 『スタンフォード式　生き抜く力』(星友啓著、ダイヤモンド社)
122. Lyubomirsky S (2008) *The How of Happiness: An new approach to getting the life you want.* Penguin Press:USA.
123. Fu X, Padilla-Walker L and Brown MN (2017) Longitudinal Relations between Adolescents' Self-Esteem and Prosocial Behavior toward Strangers, Friends and Family. *Journal of Adolescence,* 57:90–98.
124. Ryan RM and Deci EL (2017) *Self-Determination Theory: Basic psychological needs in motivation, development, and wellness.* The Guilford Press:USA.
125. Mills PJ, *et al.* (2015) The Role of Gratitude in Spiritual Well-Being in Asymptomatic Heart Failure Patients. *Spirituality in Clinical Practice,* 2 (1) :5–17.
126. Sirois FM and Wood AM (2016) Gratitude Uniquely Predicts Lower Depression in Chronic Illness Populations: A longitudinal study of inflammatory bowel disease and arthritis. *Health Psychology,* 36 (2) :122–132.
127. McCullough ME, Emmons RA and Tsang JA (2002) The Grateful Disposition: A conceptual and empirical topography. *Journal of Personality and Social Psychology,* 82 (1) :112–127.
128. Winata C and Andangsari E (2017) Dispositional Gratitude and Social Comparison Orientation among Social Media Users. *Humaniora,* 8:231–239.
129. Algoe SB, Haidt J and Gable SL (2008) Beyond Reciprocity:Gratitude and relationships in everyday life. *Emotion,* 8 (3) :425–429.
130. Algoe SB, Gable SL and Maisel NC (2010) It's the Little Things: Everyday gratitude as a booster shot for

romantic relationships. *Personal Relationships,* 17 (2) :217–233.
131. https://ggia.berkeley.edu/practice/gratitude_letter
132. Seligman M, Steen T, Park N and Peterson C (2005) Positive Psychology Progress: Empirical validation of interventions. *The American Psychologist,* 60:410–21.
133. Bishop SR, *et al.* (2004) Mindfulness: A proposed operational definition. *Clinical Psychology: Science and Practice,* 11:230–241.
134. Keng SL, *et al.* (2011) Effects of Mindfulness on Psychological Health: A review of empirical studies. *Clinical Psychology Review,* 31 (6) :1041–56.
135. Baer RA, Smith GT, Hopkins J, Krietemeyer J and Toney L (2006) Using Self-Report Assessment Methods to Explore Facets of Mindfulness. *Assessment,* 13:27–45.
136. Pepping CA, Davis PJ and O'Donovan A (2013) Individual Differences in Attachment and Dispositional Mindfulness: The mediating role of emotion regulation. *Personality and Individual Differences,* 54:453–456.
137. Brown KW and Ryan RM (2003) The Benefits of Being Present: Mindfulness and its role in psychological well-being. *Journal of Personality and Social Psychology,* 84:822–848.
138. Segal ZV, Williams JMG and Teasdale JD. (2002) Mindfulness-Based Cognitive Therapy for Depression: A new approach to preventing relapse. Guilford Press: New York.
139. Chiesa A and Serretti A (2009) Mindfulness-Based Stress Reduction for Stress Management in Healthy People: A review and meta-analysis. *The Journal of Alternative and Complementary Medicine,* 15 (5) :593–600.
140. Sedlmeier P, *et al.* (2012) The Psychological Effects of Meditation: A meta-analysis. *Psychological Bulletin,* 138 (6) :1139.

141. Jha AP, Krompinger J and Baime MJ (2007) Mindfulness Training Modifies Subsystems of Attention. *Cognitive, Affective, and Behavioral Neuroscience,* 7 (2) :109–119.

142. Desbordes G, Negi LT, Pace TW, Wallace BA, Raison CL and Schwartz EL (2012) Effects of Mindful–Attention and Compassion Meditation Training on Amygdala Response to Emotional Stimuli in an Ordinary, Non–Meditative State. *Frontiers in Human Neuroscience,* 6:292.

143. Hölzel BK, Carmody J, Vangel M, Congleton C, Yerramsetti SM, Gard T and Lazar SW (2011) Mindfulness Practice Leads to Increases in Regional Brain Gray Matter Density. *Psychiatry Research:Neuroimaging,* 191 (1) :36–43.

144. Chiesa A and Serretti A (2010) A Systematic Review of Neurobiological and Clinical Features of Mindfulness Meditations. *Psychological Medicine,* 40 (08) :1239–1252.

145. Pepping C, O'Donovan A and Davis P (2013) The Positive Effects of Mindfulness on Self–Esteem. *The Journal of Positive Psychology,* 8:376–386.

146. Keng SL, *et al.* (2011) Effects of Mindfulness on Psychological Health: A review of empirical studies. *Clinical Psychology Review,* 31 (6) :1041–56.

147. Praissman S (2008) Mindfulness–Based Stress Reduction: A literature review and clinician's guide. *Journal of the American Association of Nurse Practitioners,* 20 (4) :212–6.

148. https://ggia.berkeley.edu/practice/raisin_meditation

149. Schonert–Reichl KA, *et al.* (2015) Enhancing Cognitive and Social–Emotional Development through a Simple–to–Administer Mindfulness–Based School Program for Elementary School Children: A randomized controlled trial. *Developmental Psychology,* 51 (1) :52–66.

150. 同上
151. https://www.mindfulschools.org/about/
152. https://greatergood.berkeley.edu/article/item/tips_for_teaching_mindfulness_to_kids
153. Kannan D and Levitt H (2013) A Review of Client Self-Criticism in Psychotherapy. *Journal of Psychotherapy Integration*, 23:166.
154. Karen B and Neff KD (2018) New Frontiers in Understanding the Benefits of Self-Compassion. *Self and Identity*, 17 (6) :1-4.
155. MacBeth A and Gumley A (2012) Exploring Compassion: A meta-analysis of the association between self-compassion and psychopathology. *Clinical Psychology Review*, 32 (6) :545-52.
156. Breines JG and Chen S (2012) Self-Compassion Increases Self-Improvement Motivation. *Personality and Social Psychology Bulletin*, 38 (9) :1133-43.
157. Neff KD, Rude SS and Kirkpatrick KL (2007) An Examination of Self-Compassion in Relation to Positive Psychological Functioning and Personality Traits. *Journal of Research in Personality*, 41:908-916.
158. Sbarra DA, Smith HL and Mehl MR (2012) When Leaving Your Ex, Love Yourself: Observational ratings of self-compassion predict the course of emotional recovery following marital separation. *Psychological Science*, 23 (3) :261-9.
159. Kirschner H, Kuyken W, Wright K, Roberts H, Brejcha C and Karl A (2019) Soothing Your Heart and Feeling Connected: A new experimental paradigm to study the benefits of self-compassion. *Clinical Psychological Science*, 7 (3) :545-565.

企画／協力　長倉顕太
編集協力　江口祐子

星　友啓　ほし・ともひろ
スタンフォード大学・オンラインハイスクール校長。哲学博士。1977年生まれ。東京大学文学部思想文化学科哲学専修課程卒業。その後渡米し、スタンフォード大学哲学博士を修了。同大学の講師を経てオンラインハイスクールの立ち上げに参加。2016年より校長に。オンライン教育の世界的リーダーとして活躍。
公式サイト／https://tomohirohoshi.com

朝日新書
855

全米《ぜんべい》トップ校《こう》が教《おし》える
自己《じこ》肯定感《こうていかん》の育《そだ》て方《かた》

2022年３月30日第１刷発行
2022年５月20日第３刷発行

著　者　星　友啓

発行者　三宮博信
カバーデザイン　アンスガー・フォルマー　田嶋佳子
印刷所　凸版印刷株式会社
発行所　朝日新聞出版
〒104-8011　東京都中央区築地5-3-2
電話　03-5541-8832（編集）
　　　03-5540-7793（販売）

Published in Japan by Asahi Shimbun Publications Inc.
ISBN 978-4-02-295155-7
定価はカバーに表示してあります。

落丁・乱丁の場合は弊社業務部(電話03-5540-7800)へご連絡ください。
送料弊社負担にてお取り替えいたします。